FORMATION
À L'EXPRESSION
ÉCRITE ET ORALE

100 FICHES

Éditions d'Organisation
1, rue Thénard
75240 Paris Cedex 05
Consultez notre site :
www.editions-organisation.com

DU MÊME AUTEUR

Renée SIMONET, en collaboration avec Jean SIMONET, *Le management d'une équipe : guide pratique pour négocier, animer, former*, Éditions d'Organisation.

Renée SIMONET, en collaboration avec Jean SIMONET, *La prise de notes intelligente*, Éditions d'Organisation.

Renée SIMONET, en collaboration avec Jean SIMONET, *L'argumentation, stratégie et tactiques*, Éditions d'Organisation.

René SIMONET, en collaboration avec Françoise BERNARD, *Le Parcours et le Projet*, Éditions d'Organisation.

Renée SIMONET, *Comment réussir un exposé oral*, Dunod.

Renée SIMONET, *Comment réussir une recherche de stage*, Dunod, à paraître avril 2001.

© Éditions d'Organisation, 1976, 2001
ISBN : 2-7081-2545-1

Collection EO/FP dirigée par Armand Dayan

Jacques LAVERRIÈRE, Monique SANTUCCI, Renée SIMONET

FORMATION
À L'EXPRESSION
ÉCRITE ET ORALE

100 FICHES

Deuxième édition

Éditions
d'Organisation

SOMMAIRE

CHAPITRE 3 – FAIRE DES SYNTHÈSES

CHAPITRE 4 – ADAPTER SON EXPRESSION

AVANT-PROPOS

Le développement de plus en plus grand des filières professionnalisantes dans l'enseignement supérieur ainsi que des stages de formation pour collaborateurs d'entreprise ou pour demandeurs d'emploi fait appel chez le formateur à des compétences d'animation autour de l'expression et de la communication. Il est évident que l'efficacité de la formation repose sur la pertinence des supports. Or, comme beaucoup d'animateurs, nous nous sommes heurtés à la difficulté de varier nos supports, nos exercices pédagogiques ; c'est pourquoi nous avons ressenti le besoin de nous rencontrer pour confronter nos expériences et rassembler les exercices que nous pratiquons.

Ainsi, avons-nous pensé cet ouvrage comme un instrument de travail :

▷ Pour les formateurs, d'abord, qui trouveront des exercices expérimentés auprès de nombreux groupes,

▷ Pour les personnes désireuses de se perfectionner, ensuite, qui pourront utiliser des exercices d'autoformation présentés dans le tableau n° 4.

INTRODUCTION

▶ Les formations à l'expression orale et écrite se regroupent en 7 grandes conceptions :

- la formation dite « spécifique », où l'on se préoccupe essentiellement de la situation concrète d'expression (ex. : l'entretien commercial, les écrits professionnels) ;
- la formation au niveau du comportement qui a pour but d'acquérir un « comportement extérieur » correct en situation d'expression (gestes, articulation...) ;
- la formation à l'acquisition d'un langage correct ;
- la formation de type psychologique qui privilégie les facteurs relationnels ;
- la formation à la créativité qui cherche à rompre les formes routinières de pensée et d'expression ;
- la formation à l'expression non verbale (expression corporelle, graphique...) ;
- la formation centrée sur le développement des aptitudes intellectuelles.

▶ Les exercices que nous vous proposons se rattachent à cette dernière conception. Ce choix ne doit pas se comprendre comme un rejet des autres. Il y a à l'évidence une complémentarité entre toutes. Mais nous pensons qu'une formation doit s'organiser autour d'un axe précis et celui du développement des aptitudes présente plusieurs avantages :

- d'abord il « dédramatise » la formation en faisant passer au second plan la situation d'expression pour centrer l'attention sur un facteur apparemment plus familier ;
- ensuite, il dépasse le cadre de l'expression pour entrer dans celui des modes de pensée ;

- enfin, il traite conjointement l'expression orale et écrite qui reposent toutes deux sur des aptitudes communes. Aussi est-il possible par des exercices écrits d'améliorer l'expression orale et inversement.

▷ Développer les aptitudes sous-jacentes à l'expression orale et écrite, c'est plus spécialement :

- aider à « oser s'exprimer » en donnant les moyens de trouver ses idées (notion de fluidité mentale) et trouver ses mots (notion de fluidité verbale) ;
- entraîner à « organiser sa pensée », à lui donner une logique d'expression ;
- amener à « faire des synthèses », à avoir une pensée concise pour donner plus d'efficacité à l'expression ;
- montrer l'intérêt « d'adapter son expression », c'est-à-dire lier ces aptitudes à la dimension relationnelle de l'expression ; acquérir une attitude favorable à l'expression ;
- entraîner à appliquer ces aptitudes et cette attitude à « expliquer », c'est-à-dire faire connaître et faire comprendre quelque chose à quelqu'un ;
- entraîner à appliquer ces aptitudes et cette attitude à « argumenter », c'est-à-dire convaincre quelqu'un d'une opinion ;
- montrer le lien entre « s'exprimer et communiquer », c'est-à-dire situer l'utilisation de ces aptitudes dans le contexte le plus général des phénomènes de communication.

Nous avons réparti les exercices dans ces six rubriques.

Il ne s'agit pas pour autant d'y voir la seule progression pédagogique possible. Il y a là, sans aucun doute, un ordre logique de travail que nous avons souvent suivi. Mais nous nous garderions bien d'imposer un cheminement *a priori*. La qualité d'une formation à l'expression repose avant tout sur une adaptation, voire une improvisation, une progression et des supports pour chaque groupe et pour chaque personne. Pour appliquer ce principe, le formateur appréciera d'avoir à sa disposition une gamme variée d'exercices.

Nous indiquons, pour chaque exercice, l'objectif pédagogique dominant, les documents et le matériel nécessaires ; nous décrivons le déroulement de l'exercice pour terminer sur des commentaires qui rendent compte des constatations que nous avons faites en le pratiquant. Nous avons allégé ces fiches des remarques pédagogiques plus générales que nous allons évoquer maintenant.

- Former à l'expression c'est d'abord et avant tout mettre en évidence les « points forts » de quelqu'un. S'exprimer, en particulier pour l'expression orale, c'est s'accepter en situation d'expression. Si l'on admet ce principe, on comprendra que tous les efforts du formateur, au début surtout, doivent tendre à faire admettre et apprécier la situation d'expression. De cela découlent deux conséquences :

  - Le formateur doit inviter les participants à rechercher leurs « points forts ». C'est une consigne qui surprend toujours. Nous avons constaté que les participants étaient souvent déroutés, voire inquiets, de cette orientation de travail. C'est pourtant la condition première de l'efficacité d'une formation à l'expression.

  - L'usage du magnétoscope doit également être conforme à cette hypothèse de travail. Il n'est pas question de filmer des mains qui remuent, des pieds qui bougent, mais au contraire d'avoir les images les plus valorisantes possibles. Ensuite, lorsque l'on aura vérifié que la personne s'accepte bien en situation d'expression, on pourra mettre l'accent progressivement sur ces facteurs de comportement.

- De même que « mieux lire c'est mieux écrire », « mieux écouter c'est mieux parler ». Dans la formation à l'expression, la fonction d'observation est très importante et surtout très formatrice. L'idéal serait qu'à chaque exercice tout le groupe soit actif. Il est, en tout cas, possible de répartir de nombreuses tâches d'observation. Nous donnons dans les fiches les consignes à ce sujet. Mais l'expérience donne bien d'autres possibilités ; en particulier en faisant varier les supports d'observation : tableaux de papiers, transparents de rétroprojecteurs, autant de moyens qui facilitent l'exploitation en commun. Toutefois, il faut distinguer l'observation d'un exercice de son exploitation. Si chaque exercice peut être l'objet d'une observation, il n'est pas toujours nécessaire d'en faire l'exploitation. Dans tous les exercices destinés seulement à mettre en confiance, il serait inopportun de faire une analyse collective.

Enfin, il est essentiel que les observateurs dépassent les jugements de valeur très généraux pour arriver à analyser les faits. Cela n'exclut nullement qu'ils expriment ce qu'ils ont ressenti, bien au contraire. Encore faut-il qu'ils n'induisent pas automatiquement de leur « ressenti » des opinions générales.

Former à l'expression ce n'est pas « habituer » quelqu'un à s'exprimer. Il ne faut pas appuyer les progrès sur le caractère répétitif des exercices et sur une accoutumance à une situation particulière d'expression. Le formateur doit donc varier les exercices et en donner plusieurs de formes différentes, mais de même nature par rapport à un objectif donné. Il est parallèlement utile de modifier les situations matérielles d'expression (parler de sa place, d'un endroit particulier, assis, debout, en se regardant sur un écran de télévision ; rédiger un texte sur une feuille, sur un tableau, écrire dans une ambiance bruyante ou silencieuse, etc.). Enfin pour éviter la monotonie, on peut varier les exercices d'un participant à un autre. A cet égard, un tableau à double entrée, avec d'un côté le nom des participants et de l'autre celui des exercices permet de suivre le travail de chacun.

Nous avons évoqué ci-dessus l'usage du magnétoscope comme auxiliaire pédagogique. Ce moyen audiovisuel a apporté une dimension nouvelle à la formation à l'expression. Mais pour qu'il ait sa pleine efficacité, les participants doivent l'avoir vraiment « intégré » comme un moyen à leur disposition. Pour ce faire, il est utile que chacun en connaisse le fonctionnement et puisse filmer. Il est souhaitable également de placer un téléviseur dans une salle à part, pour que chaque participant se regarde seul, dans l'intimité. Lorsque les moyens techniques ne le permettent pas, il est toujours possible de profiter d'un exercice à plusieurs pour leur demander de regarder entre eux l'enregistrement pendant que l'on fait faire d'autres exercices, sans magnétoscope, aux autres participants.

Nous voudrions attirer l'attention sur la possibilité d'utiliser à propos de la formation à l'expression, une installation qui se généralise : le laboratoire de langue. Le formateur s'installe au « pupitre » tandis que chaque participant occupe une cabine. La plupart des exercices d'expression orale se prêtent à l'utilisation de ce moyen. L'animateur peut intervenir pour apporter une aide ou au contraire introduire la contradiction. L'intérêt évident est de renforcer le travail en groupe par une formation individualisée.

Nous terminerons ces remarques pédagogiques par une des difficultés majeures des stages d'expression : « les blocages ».

Cette expression vague s'applique aux moyens difficiles où quelqu'un s'arrête au milieu d'une intervention, ne trouve plus ses idées et ses mots et perd souvent toute contenance. Nous décrivons dans l'exercice n° 9 des modalités de traitement de ces situations.

N'oublions pas que la première action est préventive. Par une attention soutenue, le formateur se rend compte des symptômes d'inquiétude de certains participants.

C'est souvent une question d'opportunité : telle personne est prête à faire un travail à tel moment, parce que le climat l'a mise en confiance, parce qu'elle sent qu'elle est à même de faire cet effort ; ce moment passé, l'exercice échouera. Et il ne s'agit pas de cas extrêmes.

Il est évident que la formation doit permettre de dépasser toutes ces précautions. Si malgré cela la situation se présente, il est possible de la traiter soit sur un « mode psychologique », soit sur un « mode technique ». Sous certaines conditions – compétence du formateur, climat favorable du groupe – le moment peut être favorable à une analyse collective de la situation. Si les conditions ne sont pas requises, le formateur peut préférer le mode technique tel que nous l'expliquons dans l'exercice n° 9.

✳

Enfin, les « blocages » apparaissent aussi lorsque les participants choisissent des thèmes d'interventions.

Nous avons essayé de résoudre ce problème en ayant recours à la technique de la « banque » de thèmes qui s'organise de la façon suivante.

Au début du cycle de formation à l'expression, le formateur explique aux participants qu'ils auront à travailler à partir de thèmes divers. Il leur expose la difficulté que présente le choix du thème en groupe au début de chaque exercice.

Il leur demande de prendre deux feuilles de papier puis :

▷ sur une feuille, anonymement, ils inscrivent des propositions de thèmes susceptibles d'être abordés par tous les participants et de donner lieu à des confrontations d'idées ;
▷ sur l'autre feuille, nommément, ils inscrivent des sujets sur lesquels ils ont quelques compétences et pourront intervenir ; éventuellement ils indiquent leurs violons d'Ingres.

Le formateur peut imposer un nombre de thèmes que les participants auront à proposer. (Cette variante plus contraignante est souvent aussi plus efficace.) Il rassemble ces propositions et s'y référera chaque fois qu'il en aura besoin pour des interventions collectives ou individuelles.

De plus, il est nécessaire de laisser pendant toute la durée de la formation des tableaux muraux pour inscrire des suggestions nouvelles.

*

Mais que ces remarques pédagogiques ne cachent pas l'essentiel. Les progrès des participants sont liés à la vie du groupe et à la qualité de la relation établie entre le formateur et chaque participant. Or, la relation la meilleure s'établit lorsque l'attitude critique du formateur est ressentie comme une aide et non pas comme un jugement de valeur.

Pour qu'un formateur se consacre à cette dimension de son action, il a besoin d'être à l'aise dans le domaine technique, c'est-à-dire trouver l'exercice à faire faire au bon moment.

Nous espérons que le lecteur trouvera dans ces fiches des exemples d'exercices qui l'aideront pour son travail ou pour sa formation.

C'est pourquoi nous avons jugé utile de ménager, dans la présentation des fiches, un espace que le lecteur pourra utiliser pour consigner ses observations personnelles sur sa propre pratique des exercices.

Les exercices que nous vous présentons dans les 6 rubriques énoncées sont répartis en fin d'ouvrage en fonction de différents critères.

TABLEAU 1	Ventilation des exercices en fonction des conditions matérielles et de la préparation.
TABLEAU 2	Exercices oraux ou écrits – individuels ou collectifs.
TABLEAU 3	Aptitudes et attitudes développées.
TABLEAU 4	Exercices d'autoformation.

Chapitre 1

OSER S'EXPRIMER

Comme déjà le laisser entendre notre introduction, « oser s'exprimer » suppose que l'on accepte la situation d'expression.

A notre avis, tout être humain est capable de s'exprimer ; les participants ne se heurtent pas à des difficultés d'expression proprement dites, mais ils éprouvent des difficultés pour s'exprimer, dans des situations inhabituelles de prise de parole.

Même ceux qui ont un certain entraînement et, semble-t-il, la parole facile, se heurtent à cet obstacle :

Par exemple : Le professeur, à l'aise dans sa classe, avec ses élèves, pourra éprouver une certaine gêne à s'exprimer dans le hall de l'école devant les parents.

Le formateur doit donc susciter, en tout premier lieu, le désir de s'exprimer et amener chacun à parler avec aisance, quelle que soit la situation concrète. Ce principe nous fait, dans les exercices proposés, éviter toutes les situations bloquantes, négliger même parfois la phrase d'exploitation, et surtout utiliser le magnétoscope dans un dessein de valorisation.

Oser s'exprimer, c'est posséder la maîtrise de deux aptitudes intellectuelles : la fluidité mentale et la fluidité verbale.

La fluidité mentale se définit par la possibilité de « mobiliser » ses idées.

La fluidité verbale, par la possibilité de trouver les mots qui traduisent ces idées.

▶ Pour développer sa fluidité mentale, chacun gagne d'abord à prendre connaissance de la richesse des idées dont il est porteur.

C'est pourquoi nous proposons des exercices portant sur des thèmes variés et dans des situations différentes. Ensuite, on amène chacun à découvrir les « outils » qui l'aident à mobiliser ses idées.

Le formateur trouvera dans la technique de l'entraînement mental des éléments de travail. Le commentaire de la fiche 9 apporte sur ce point quelques précisions.

▶ L'entraînement à la fluidité verbale ne doit pas se faire de façon spécifique.

Tous nos exercices contribuent à la développer. Le potentiel moyen de vocabulaire de chaque personne suffit pour donner lieu à une expression simple et correcte. La tâche du formateur est d'amener à un niveau de confiance en soi suffisant pour que ce potentiel soit utilisé.

A ce propos, nous avons constaté que les jeux de rôle pouvaient être utilisés comme moyens de développer la fluidité mentale, en permettant à certains de s'exprimer avec moins de réticence et plus de liberté.

Association de mots

OBJECTIFS

- Développer la fluidité verbale.
- Faire prendre conscience des différents types d'association d'idées.

MATÉRIEL

Néant

DOCUMENT

Néant

DÉROULEMENT

- Un des participants dit un mot le plus « spontanément » possible. Il doit s'ensuivre de la part des autres participants une cascade de mots qui proviennent « spontanément » d'association d'idées.
  Quelqu'un note sur un tableau la succession des mots.

COMMENTAIRES

- Cet exercice peut être conçu uniquement comme une phase de défoulement verbal et éventuellement de déblocage d'un groupe.
  Auquel cas, il est préférable que le formateur ne fasse ni commentaire, ni évaluation.
- Cependant la liste des mots obtenue peut être analysée pour identifier les différents types d'association (proximité phonétique, sémantique, affective... de 2 mots) pour prendre conscience des facteurs qui influencent nos associations d'idées. Y a-t-il une logique interne dans la succession des mots ?
- Chaque participant intervient-il par rapport au dernier mot prononcé en se référant à son intervention précédente ?

Oser s'exprimer

Observations personnelles

Remarques sur l'exercice

Durée _____

Intérêt des participants _____
_____
_____

Efficacité de l'exercice _____
_____
_____

Variantes personnelles

_____
_____
_____
_____
_____

« Brainstorming » *

OBJECTIFS

- Développer :
  - l'imagination, la fluidité mentale et verbale
  - l'esprit de synthèse.
- Exercice de travail en groupe.

MATÉRIEL

Néant

DOCUMENT

Néant

DÉROULEMENT

Il s'agit d'un exercice qui emprunte au « brainstorming » * sa démarche de créativité.

1ʳᵉ phase

- On demande aux participants de choisir un thème qui pose un problème à résoudre concrètement. Le formateur peut également proposer le problème.

Exemples de thèmes :

- Comment augmenter le nombre de spectateurs aux matchs de football ?
- Que faire d'une bouteille en plastique vide ?
- Quelle nouvelle fonction adjoindre au téléphone portable ?
- Comment lancer un nouveau journal ?
- Quel nouveau produit lancer ?
- Quel nouveau site lancer sur Internet ?

2ᵉ phase

- On demande aux participants de suggérer des solutions sans se soucier du caractère plausible ou vraisemblable de ces propositions.
- Ces propositions sont notées au tableau.

3ᵉ phase

- Quand environ 50 propositions ont été énoncées, on passe à l'analyse.

---

* Tous les mots suivis d'un astérisque sont définis dans le glossaire.

Oser s'exprimer

Le groupe définit des critères de classement, puis range les propositions dans ces catégories, et dégage les solutions plausibles.

COMMENTAIRES

- Pendant la phase n° 3, le groupe effectue le travail que nécessite toute synthèse (réflexion sur les idées, classement, organisation...).
  La discussion peut être dirigée par le formateur ou par un autre participant ; dans le dernier cas c'est un apprentissage de conduite de réunion.

- Il faut veiller, pendant tout le déroulement de l'exercice, à ce que les participants ne portent aucun jugement de valeur sur les idées émises.

Observations personnelles

Remarques sur l'exercice

Durée _____

Intérêt des participants _____
_____

Efficacité de l'exercice _____
_____

Variantes personnelles

_____
_____
_____

Discussion en sous-groupes

Objectifs

* Faciliter l'expression.
* Développer
  - la fluidité mentale et verbale,
  - l'esprit de synthèse.

Matériel
Néant

Document
Néant

Déroulement

Le formateur répartit les membres présents en sous-groupes de quatre, au maximum, et il leur indique la marche à suivre :

dans chaque sous-groupe, les participants choisissent un thème de leur choix. Et, tandis que l'un d'eux, observateur muet, note comment se déroule la conversation, les autres échangent leurs idées sur ce thème. Lorsqu'ils ont fait le tour de la question, à partir des notes prises par l'observateur et en les complétant au besoin, le sous-groupe élabore en commun un compte rendu et désigne un rapporteur. Puis, à tour de rôle, chaque rapporteur informe le grand groupe sur le travail de son sous-groupe. Les auditeurs sont invités à poser des questions.

Commentaires

Cet exercice amène tous les participants à s'exprimer oralement. La structure de sous-groupes de discussion est permissive ; aussi avons-nous constaté que des participants, « bloqués », quand il s'agissait de prendre la parole en grand groupe, s'exprimaient volontiers au cours de cet exercice.

Oser s'exprimer

Observations personnelles

Remarques sur l'exercice

Durée _____

Intérêt des participants _____
_____
_____

Efficacité de l'exercice _____
_____
_____

Variantes personnelles

_____
_____
_____
_____
_____

Cas du club de lecture

OBJECTIF

Développer la fluidité mentale et verbale.

MATÉRIEL

Néant

DOCUMENTS

Études de cas « Découpages de lecture ».

DÉROULEMENT

* On distribue aux participants un cas écrit[1] mettant en présence des personnes dans une situation-problème. Puis le formateur anime une discussion en suivant un plan progressif en quatre temps :
  ▻ les passages qui ont attiré l'attention,
  ▻ les descriptions des personnages,
  ▻ l'inventaire (et uniquement l'inventaire) des problèmes,
  ▻ l'origine des problèmes et les solutions possibles.

COMMENTAIRES

Cet exercice ne doit pas donner lieu à une analyse. Il est uniquement destiné à créer une situation favorable à l'expression. Nous avons, en effet, constaté qu'il était plus facile d'échanger à partir d'un support neutre, qui évite aux personnes de parler d'elles-mêmes. De plus, nous attachons beaucoup d'importance à la progression du plan de discussion qui part des faits pour aller à un approfondissement d'opinions. Le formateur doit utiliser cette progression pour susciter (sans pour autant poser de questions directes) la participation de tous.

---

1. On trouvera des cas et une description de la Méthode des cas dans l'ouvrage de Mucchielli *La Méthode des cas* (Paris, ESF).

Oser s'exprimer

Observations personnelles

Remarques sur l'exercice

Durée _____

Intérêt des participants _____
_____
_____

Efficacité de l'exercice _____
_____
_____

Variantes personnelles

_____
_____
_____
_____
_____

Commentaire d'un message visuel

Oser s'exprimer

OBJECTIF
Développer la fluidité verbale.

MATÉRIEL
Un magnétophone, magnétoscope ou projecteur de diapositives.

DOCUMENT
Montage diapo : film muet ou montage magnétoscope muet.

DÉROULEMENT
- Sur un support visuel (ex. montage diapo sur un village), un participant fait un commentaire oral qui est enregistré au magnétophone.
- Puis on repasse le support visuel et « en synchro » la bande enregistrée.
- Cela permet au participant qui a fait l'exposé de se rendre compte de l'adaptation de son commentaire aux images présentées.

COMMENTAIRES
- Cet exercice met les participants dans une situation connue, celle du reporter.
- Nous avons pu constater qu'ils tenaient facilement ce rôle.
- Dans le cas d'un « montage-diapo » le formateur pourra accroître la difficulté en faisant passer plus ou moins vite les diapositives.

Observations personnelles

Remarques sur l'exercice

Durée _____

Intérêt des participants _____
_____
_____

Efficacité de l'exercice _____
_____
_____

Variantes personnelles

_____
_____
_____
_____
_____

Jeux de rôle préparés
sur des situations professionnelles

OBJECTIF
* Faire prendre conscience du rôle des stéréotypes dans la communication.

MATÉRIEL
Éventuellement magnétophone ou magnétoscope.

DOCUMENT
Néant

DÉROULEMENT
* Les jeux de rôle peuvent être préparés :
A ▶ **par le groupe**
On demande au groupe d'imaginer une situation professionnelle et des rôles dans cette situation.
B ▶ **par le formateur**
Le formateur propose des situations à jouer telles que :
1 ▶ l'entretien d'embauche, de licenciement
(précision de l'importance de l'entreprise, de la nature du service, des statuts afférant à chaque rôle, de la nature du poste...).
2 ▶ l'entretien commercial
(vendre un produit que l'on a inventé).
3 ▶ l'entretien d'évaluation
Exemple : 2 personnes, 1 cadre, 1 directeur d'entreprise.
Le cadre avait remis antérieurement un projet d'étude. Ce projet est jugé peu valable par les responsables de l'entreprise. Pour éviter de licencier ce cadre, le directeur lui annonce qu'il va être déplacé vers une succursale de « Trifouilly les Oies ».
* **Conseils pratiques**
Dans le cas n° 1 (embauche), on fera se succéder plusieurs « candidats » devant un même « responsable ».
Dans le cas n° 3, on a intérêt à faire rejouer les mêmes participants en renversant les rôles.
* Dans le cas où on n'utiliserait pas les moyens audiovisuels, il faut désigner des observateurs.

Oser s'exprimer

COMMENTAIRES

- À la fin du « jeu de rôle », le formateur demande aux participants leur impression sur ce qu'ils viennent de jouer ou de voir.
- Puis on repasse, éventuellement, l'enregistrement.
- Le formateur peut alors centrer la réflexion du groupe sur :
  - la facilité ou la difficulté de jouer un rôle,
  - la logique interne du jeu (cohérence entre les différents rôles),
  - l'importance des stéréotypes et idées préconçues dans la communication.
- Les participants ont, en effet, tendance à jouer leur rôle selon des « images » associées à tel ou tel statut (le cadre, le P-DG, le comptable) et développent les situations selon des schémas préexistants.
(Dans le cas n° 3, « le cadre » démissionne ou en réfère à son syndicat.)

Observations personnelles

Remarques sur l'exercice

Durée _____

Intérêt des participants _____
_____
_____

Efficacité de l'exercice _____
_____
_____

Variantes personnelles

_____
_____
_____
_____
_____

Jeux de rôle préparés
sur une situation de rencontre fortuite

OBJECTIFS
- Développer la fluidité verbale.
- Sensibiliser au rôle des stéréotypes dans la communication.

MATÉRIEL
Éventuellement un magnétoscope.

DOCUMENT
Néant

DÉROULEMENT
- Le formateur propose aux participants de jouer un rôle dans une situation où des personnes se rencontrent pour la première fois. Exemple :
  - le compartiment de T.G.V.,
  - la salle d'attente (médecin, dentiste, gare...),
  - un club de vacances,
  - un ascenseur en panne,
  - une table de cafétéria,
  - un salon de coiffure.
- Les participants reçoivent, chacun, une identité en fonction de laquelle ils jouent leur rôle. Chacun ignore le rôle attribué aux autres.

COMMENTAIRES
- Cet exercice peut être exploité comme le précédent ou simplement considéré comme un moyen de mise en situation d'expression et n'être suivi d'aucune analyse.

Oser s'exprimer

Observations personnelles

Remarques sur l'exercice

Durée _____

Intérêt des participants _____
_____
_____

Efficacité de l'exercice _____
_____
_____

Variantes personnelles

_____
_____
_____
_____
_____

Jeux de rôle improvisés

OBJECTIFS
- Permettre à partir d'une situation ludique le déblocage de l'expression.
- Développer la fluidité verbale.

MATÉRIEL
Néant

DOCUMENT
Néant

DÉROULEMENT
- Le formateur propose aux participants d'improviser une scène.
- L'un d'entre eux « se lance » et inaugure une situation, les autres entrent dans la situation selon leur inspiration et la font évoluer.

COMMENTAIRES
- Le formateur peut opter pour deux types d'exploitation pédagogique :
  - il anime la séance comme il le fait pour les « jeux de rôle préparés »,
  - il ne considère cet exercice que comme un défoulement du groupe, une communication sur le mode ludique et ne le fait suivre d'aucune analyse.
- La difficulté de cet exercice réside dans le démarrage.
- C'est pourquoi nous conseillons au formateur de le pratiquer à un moment où il sent le groupe disponible pour ce type d'activité.

Oser s'exprimer

Observations personnelles

Remarques sur l'exercice

Durée _____

Intérêt des participants _____
_____
_____

Efficacité de l'exercice _____
_____
_____

Variantes personnelles
_____
_____
_____
_____

Improvisation individuelle sur un mot

OBJECTIFS
- Développer la fluidité mentale et verbale.
- S'entraîner à mobiliser des idées.

MATÉRIEL
Néant

DOCUMENT
Néant

DÉROULEMENT
- Chaque participant indique sur une feuille de papier un mot concret et un mot abstrait. Le formateur rassemble ces papiers.
- Les participants tirent, à tour de rôle, un papier au hasard. Ils choisissent très rapidement un des deux mots et commencent sans temps de préparation une intervention orale à propos de ce mot.
- Toute liberté est laissée sur ce style d'intervention.
- Le formateur aura précisé qu'il ne s'agit pas d'être original, mais d'exprimer tout ce qui vient à l'esprit, sans toutefois se contenter de simples associations.

COMMENTAIRES
- Il arrive que des participants ne disent rien ou très peu de choses. Le formateur doit éviter la situation d'échec et transformer l'exercice en entretien maïeutique*. Pour ce faire, le formateur fait s'exprimer le participant sur les différents aspects sous lesquels le terme peut être envisagé (ex. : pour un mot comme table : l'aspect utilitaire, esthétique, économique ; pour un mot comme vie : l'aspect biologique, philosophique, religieux). Il peut également amener le participant à s'exprimer en fonction de différents points de vue (la voiture évoquée à partir du point de vue de l'utilisateur, du piéton, du fabricant...).
- On peut remarquer que cette façon impersonnelle de faire parler du sujet permet de surmonter les blocages dus à une réticence à s'impliquer.
- Même si quelqu'un n'a pas rencontré de difficulté, le formateur pourra utiliser cette méthode pour montrer que l'on n'utilise jamais toutes les

idées que l'on possède ; on ne manque pas d'idées, mais on ne sait pas toujours les « mobiliser » en temps voulu.

Il est intéressant, après ce travail oral, d'inviter les participants à écrire un texte sur le mot qu'ils n'ont pas choisi. On constate qu'ils éprouvent une sorte de soulagement et ont moins peur de la feuille blanche.

Observations personnelles

Remarques sur l'exercice

Durée _____

Intérêt des participants _____
_____
_____

Efficacité de l'exercice _____
_____
_____

Variantes personnelles

_____
_____
_____
_____
_____

Improvisation individuelle sur 10 mots

OBJECTIFS
- Faciliter l'expression orale.
- Développer la fluidité mentale et verbale.

MATÉRIEL
Néant

DOCUMENT
Néant

DÉROULEMENT
Chaque participant inscrit 10 mots sur une feuille de papier.
Le formateur demande ensuite à chacun d'improviser une histoire :
- soit à partir des 10 mots de sa liste,
- soit à partir des 10 mots de la liste d'un autre participant,
et suivant un ordre :
- ou imposé par le formateur,
- ou laissé à l'initiative de l'orateur.

COMMENTAIRES
Nous évitons de faire suivre l'exercice d'une analyse, parce que nous le concevons essentiellement comme un travail de mise en route, un moyen de « débloquer » l'expression orale.
Il est évident que certaines contraintes imposées par le formateur entraînent :
- non seulement à rechercher des idées,
- mais encore à organiser ses idées.

Oser s'exprimer

Observations personnelles

Remarques sur l'exercice

Durée _____

Intérêt des participants _____

_____

_____

Efficacité de l'exercice _____

_____

_____

Variantes personnelles

_____

_____

_____

_____

_____

Improvisation individuelle sur un thème choisi

OBJECTIFS

- Développer la fluidité mentale et verbale.
- Apprendre à analyser, à observer.

MATÉRIEL

Néant

DOCUMENT

Néant

DÉROULEMENT

Chaque participant improvise une assez courte intervention sur un des thèmes qu'il aura proposés lui-même.

Le thème sera ou descriptif ou polémique.

Pendant chaque intervention, les autres participants notent par écrit, individuellement sur une feuille anonyme, toutes les remarques que leur suggère non le contenu de l'expression, mais l'expression elle-même.

À la fin de chaque intervention, le formateur relève toutes les feuilles sur lesquelles auront été notées des remarques :

- sur le style
- sur la voix (débit, élocution)
- sur le comportement gestuel
- sur le contact avec l'auditoire, etc.

Puis, sans en prendre lui-même connaissance, il remet ces feuilles à l'orateur.

COMMENTAIRES

Nous avons constaté que, dans un premier temps, ce type de critique est plus efficace et mieux reçu qu'une critique collective, ou trop dure ou neutralisée par la peur de déplaire.

Cet exercice met à l'aise chaque orateur et l'habitue, progressivement, à prendre la parole.

Selon les groupes, l'animateur pourra « brûler » cette étape et faire l'exercice tel qu'il est décrit sous la rubrique « Écoute et prise de notes » *(fiche n° 96)*.

Oser s'exprimer

Observations personnelles

Remarques sur l'exercice

Durée _____

Intérêt des participants _____
_____
_____

Efficacité de l'exercice _____
_____
_____

Variantes personnelles

_____
_____
_____
_____
_____

Le violon d'Ingres

OBJECTIFS

- Développer la fluidité mentale et la fluidité verbale.
- Distinguer langage informatif et langage subjectif.

MATÉRIEL

Néant

DOCUMENT

Néant

DÉROULEMENT

Les participants notent par écrit leur violon d'Ingres et ils y réfléchissent pendant cinq minutes.

Puis, sans avoir donné de consigne de préparation, le formateur demande aux participants, à tour de rôle, d'improviser une intervention orale sur leur violon d'Ingres. C'est juste avant la prise de parole qu'est imposé par le formateur l'un des objectifs suivants :

- décrivez votre violon d'Ingres ;
- expliquez ce que vous appréciez dans votre violon d'Ingres ;
- suscitez dans l'auditoire l'envie de s'adonner à cette activité ;
- imaginez les motifs de l'aversion de certains pour ce même violon d'Ingres.

On peut imposer un ou plusieurs objectifs pour la même intervention.

COMMENTAIRES

Le thème du violon d'Ingres facilite la prise de parole.

Un tel exercice fait aussi découvrir qu'il est parfois bien difficile de parler de ce que l'on aime.

On utilisera cet exercice dans le cadre d'une formation à l'entretien d'embauche.

Oser s'exprimer

Observations personnelles

Remarques sur l'exercice

Durée _____

Intérêt des participants _____

_____

_____

Efficacité de l'exercice _____

_____

_____

Variantes personnelles

_____

_____

_____

_____

_____

Histoire à suivre

OBJECTIFS

- Développer la fluidité mentale et la fluidité verbale, la cohérence et la logique de la pensée.
- Prendre conscience que les autres peuvent penser autrement que soi.

MATÉRIEL

Néant

DOCUMENTS

Un texte court, relatant le début d'une histoire, reproduit en un nombre d'exemplaires, au moins égal à celui des participants.

DÉROULEMENT

Le formateur, après avoir distribué ce texte (début d'un fait divers, par exemple), invite chacun à le compléter par écrit.

Lorsque le travail individuel est achevé, les participants, réunis en sous-groupes, comparent les différentes « suites » données au texte initial.

COMMENTAIRES

Un tel exercice rend évidente la variété des cheminements de pensée.

Oser s'exprimer

Observations personnelles

Remarques sur l'exercice

Durée _____

Intérêt des participants _____
_____
_____

Efficacité de l'exercice _____
_____
_____

Variantes personnelles

_____
_____
_____
_____
_____

Faire des bulles

OBJECTIFS

* Développer par écrit la fluidité mentale et la fluidité verbale.
* Savoir utiliser de façon complémentaire deux langages.

MATÉRIEL

Néant

DOCUMENT

Des romans-photos dont on aura supprimé le texte initial.

DÉROULEMENT

On remet à chaque participant un roman-photos sans texte et l'on demande de composer un texte complémentaire de l'image,

> soit individuellement,
> soit par sous-groupes.

COMMENTAIRES

Cet exercice a l'avantage de sortir des supports habituels de l'expression écrite. Aussi avons-nous pu constater qu'il supprimait certains freins à l'expression écrite.

Nous nous abstenons d'analyser et de juger les textes proposés. Mais, selon les groupes, le formateur a toujours la possibilité d'exploiter davantage l'exercice.

Oser s'exprimer

Observations personnelles

Remarques sur l'exercice

Durée _____

Intérêt des participants _____

_____

_____

Efficacité de l'exercice _____

_____

_____

Variantes personnelles

_____

_____

_____

_____

_____

Chapitre 2

ORGANISER SES IDÉES

Si l'on veut rendre l'expression efficace, il est nécessaire de compléter la recherche des idées par l'organisation de ces idées.

Organiser des idées ne revient pas à « plaquer » sur elles un plan ou une structure, plus ou moins artificiels. Tout ordre apparent, fondé sur un emploi mal justifié de termes logiques, est sans valeur. Organiser ses idées, c'est s'attacher à une rigueur interne, suivre un déroulement logique et cohérent, et par rapport à un objectif, et *en fonction des destinataires considérés.* Une telle définition souligne bien que l'organisation des idées, loin de se traduire par une technique artificielle, est une véritable aptitude intellectuelle.

C'est pourquoi nous proposons d'abord des exercices d'improvisation qui permettent, lors de la phase d'analyse, de découvrir la logique de l'intervention. De fait, tout discours possède une logique sous-jacente.

Mais le problème est que l'orateur fasse sentir cette logique ; c'est alors seulement qu'elle contribue à *l'efficacité de la communication.* Les observateurs sont appelés à jouer un rôle prépondérant, lorsque l'on cherche à contrôler le développement de cette aptitude. En effet, c'est dans la mesure où ils auront saisi la logique de l'intervention que l'orateur saura s'il a organisé correctement ses idées. Il est souhaitable de transformer certains des exercices proposés en demandant seulement aux participants de présenter la démarche logique, c'est-à-dire de justifier l'organisation générale de l'intervention.

Après s'être assuré de la solidité de cette acquisition, on pourra entraîner les participants à utiliser certains types de raisonnements. Le but n'est pas de donner des modèles de « plans », mais de présenter des modes de raisonnements *appropriés* à la résolution de certains problèmes. Un travail plus élaboré consistera à combiner ces modes de raisonnements pour en inventer de nouveaux.

Jeu de Kim

OBJECTIFS

- Apprendre à organiser ses idées.
- Développer la fluidité mentale et verbale.

MATÉRIEL

Néant

DOCUMENT

Planche ci-jointe.

DÉROULEMENT

- Afin de créer un effet de surprise, on demande à un participant d'être prêt à prendre la parole. On lui remet alors la planche ci-jointe et on lui indique 5 ou 6 objets.
- Il doit improviser une histoire mettant en scène ces objets.
- On peut faire l'exercice avec d'autres participants, à partir d'objets différents.

COMMENTAIRES

- Cet exercice d'improvisation est en général bien réussi par les participants.
  Le formateur peut imposer de créer une histoire vraisemblable ou au contraire laisser toute liberté à l'imagination.
  En fonction du groupe, le formateur peut choisir d'autres objets comme supports et constituer sa propre planche.

Observations personnelles

_____
_____
_____
_____
_____

Organiser ses idées

Improvisation d'une histoire collective

OBJECTIFS

- Développer la rigueur de la pensée.
- S'entraîner à réagir rapidement et d'une manière adaptée à toute nouvelle situation.

MATÉRIEL

Néant

DOCUMENT

Néant

DÉROULEMENT

Le formateur demande aux participants de créer une histoire.
- Aucun thème n'est proposé.
- Tous prennent la parole, à tour de rôle, selon des modalités diverses :
  - ou le **meneur de jeu** interrompt celui qui parle et **donne la parole** à X ou à Y,
  - ou celui qui parle **choisit** le participant qui devra continuer l'histoire,
  - ou tout participant peut intervenir quand il le désire,
  - ou la situation **géographique** autour d'une table détermine l'ordre de prise de parole.
- Le temps des interventions sera de 2 à 3 minutes environ.

COMMENTAIRES

- Ces jeux développent l'écoute et la fluidité verbale.
- Ils exercent l'imagination, mais surtout ils permettent aux participants de mesurer à quel point l'histoire réelle, créée par le groupe, s'est éloignée de celles qu'en cours de route ils avaient imaginées.

VARIANTE

- Le formateur lance une histoire, situe le cadre, les personnages et place son héros dans une situation délicate ou dramatique. Aux participants de continuer alors le récit et d'inventer de nouveaux épisodes.

Observations personnelles

Remarques sur l'exercice

Durée _____

Intérêt des participants _____
_____
_____

Efficacité de l'exercice _____
_____
_____

Variantes personnelles

_____
_____
_____
_____
_____

Improvisation d'une histoire collective à partir de 10 mots

OBJECTIFS

* Développer la fluidité mentale et verbale.
* Organiser ses idées.
* Développer l'esprit de synthèse.

MATÉRIEL

Néant

DOCUMENT

Néant

DÉROULEMENT

Chaque participant inscrit 10 mots.

On demande à quatre participants de construire une histoire collective à partir de leur liste de 10 mots en prenant la parole dans un ordre défini à l'avance.

L'un commence par un mot de sa liste, un autre continue par un mot de sa liste et ainsi de suite pour les quatre, et pour les 10 mots.

Les orateurs peuvent :

* soit prendre les mots de leur liste dans l'ordre,
* soit à leur initiative, mais en utilisant les 10.

Ils doivent respecter une cohérence interne dans la construction de l'histoire. Il ne s'agit pas de juxtaposer quatre histoires ; mais de créer, à quatre, une même histoire.

L'exercice terminé, tous les participants (orateurs et auditeurs) font rapidement par écrit un résumé complet de l'histoire collective.

COMMENTAIRES

Cet exercice nous semble, à l'expérience, très riche.

En particulier, il réclame des efforts de fluidité verbale et mentale et d'adaptation rapide à une situation imprévue.

Observations personnelles

Remarques sur l'exercice

Durée _____

Intérêt des participants _____

_____

_____

Efficacité de l'exercice _____

_____

_____

Variantes personnelles

_____

_____

_____

_____

_____

Le récit à l'envers

OBJECTIF

* S'entraîner à raisonner.

MATÉRIEL

Néant

DOCUMENT

Néant

DÉROULEMENT

Chaque participant raconte un récit en commençant par la fin et en remontant jusqu'au début.

COMMENTAIRES

Cet exercice entraîne au raisonnement : cause-conséquence.

En faisant commencer le récit par la fin on oblige à expliquer l'enchaînement des faits qui a amené cette conclusion.

* Il est intéressant de demander ensuite de reprendre le récit dans l'ordre normal. Les participants le font toujours avec beaucoup de facilité.

Organiser ses idées

Observations personnelles

Remarques sur l'exercice

Durée _____

Intérêt des participants _____
_____
_____

Efficacité de l'exercice _____
_____
_____

Variantes personnelles

_____
_____
_____
_____
_____

Plan dialectique et ses variantes

OBJECTIF

* S'entraîner au raisonnement logique.

MATÉRIEL

Néant

DOCUMENT

Néant

DÉROULEMENT

1re phase

Le formateur présente les plans suivants :

1 ▸ Plan dialectique classique :   - thèse
                                                        - antithèse
                                                        - synthèse

2 ▸ Énoncé de la thèse adverse et réfutation* totale de cette thèse puis énoncé de ma thèse et justification.

3 ▸ Énoncé de la thèse adverse, concessions faites à l'adversaire suivie de critiques de cette thèse, puis énoncé de ma thèse et justification.

4 ▸ Énoncé de ma thèse ou de mon projet et justification, puis évocation d'objections possibles et réfutation de ces objections.

2e phase

Le formateur demande aux participants de faire une intervention orale en élaborant une argumentation selon l'un des schémas proposés.

Pendant les interventions, les auditeurs tentent d'identifier les phases du plan utilisé.

COMMENTAIRES

Comme pour toutes les fiches concernant les plans, il s'agit d'acquérir un mode de raisonnement et non un modèle de plan.

Il est indispensable que le formateur, dès le début, précise le sens des trois termes : thèse, antithèse, synthèse.

Organiser ses idées

Observations personnelles

Remarques sur l'exercice

Durée _____

Intérêt des participants _____
_____
_____

Efficacité de l'exercice _____
_____
_____

Variantes personnelles

_____
_____
_____
_____
_____

Modèle des sciences et diagnostic médical

Organiser ses idées

Objectif
* Entraîner au raisonnement logique.

Matériel
Néant

Document
Néant

Déroulement
Le formateur présente aux participants les plans suivants :

A – LE MODÈLE DES SCIENCES
- les éléments de la situation
- l'hypothèse d'explication
- la vérification de l'hypothèse (preuve et contre-épreuve)
- la solution

B – LE MODÈLE DU DIAGNOSTIC MÉDICAL
- Qu'est-ce qui ne va pas ?
- Que pourrait-on faire pour que cela aille mieux ?
- Quelles seraient les conséquences de ces actions ?
- Quelle décision je prends ?

Le formateur demande aux participants de faire une intervention orale en appliquant l'un ou l'autre de ces plans (même thème, répartition des plans entre les participants, etc., multiples variantes possibles).
Pendant les interventions, les auditeurs tentent d'identifier les phases du plan utilisé.

Commentaires
En présentant plusieurs plans, le formateur cherchera surtout à inciter à un mode de raisonnement plutôt qu'à acquérir un modèle d'expression.

Observations personnelles

Remarques sur l'exercice

Durée _____

Intérêt des participants _____
_____
_____

Efficacité de l'exercice _____
_____
_____

Variantes personnelles

_____
_____
_____
_____
_____

S.O.S.R.A.

OBJECTIF

 * Entraîner à raisonner à partir de faits.

MATÉRIEL

Néant

DOCUMENT

Néant

DÉROULEMENT

Le formateur présente et explique le plan S.O.S.R.A.

Situation :

Situer le thème, éventuellement, dans le temps, dans l'espace.

Préciser le (les) aspect(s) qui sera (seront) envisagé(s).

Observation :

Donner des informations.

Décrire, comparer, distinguer.

Sentiments :

Exprimer ce que l'on pense.

Réflexion :

Expliquer pourquoi on pense cela.

Action :

Conclure en évoquant le futur (modifications qui seront apportées, actions décidées...).

Le formateur demande à chaque participant de faire une intervention orale en appliquant ce plan.

Pendant l'intervention, les auditeurs tentent d'identifier les 5 PHASES.

COMMENTAIRES

L'intérêt de ce plan est d'amener l'orateur à présenter le ou les aspects qu'il va évoquer (situation), puis à poser les faits (observation), à les juger (sentiments) et surtout à justifier ses opinions.

 * L'intérêt pédagogique n'est pas de présenter ce plan comme un modèle, mais d'entraîner à un mode de raisonnement.

VARIANTE

On demande d'utiliser plusieurs fois dans une même intervention la séquence S.O.S.R.A.

Observations personnelles

Remarques sur l'exercice

Durée _____

Intérêt des participants _____
_____
_____

Efficacité de l'exercice _____
_____
_____

Variantes personnelles

_____
_____
_____
_____
_____

Modèle de Laswell

OBJECTIF

- Entraîner au raisonnement logique.

MATÉRIEL

Néant

DOCUMENT

Néant

DÉROULEMENT

Le formateur présente et explique le schéma de Laswell.

Qui ?

Dit quoi ?

À qui ?

Pourquoi ?

Où ?

Quand ?

Comment ?

Avec quel résultat ?

Le formateur demande à chaque participant de faire une intervention orale en appliquant ce schéma. Pendant l'intervention, les auditeurs tentent d'identifier les neuf points qui ne sont pas à utiliser nécessairement dans l'ordre décrit.

COMMENTAIRES

Derrière la simplicité des questions se cache une possibilité très riche d'analyse d'un problème.

Le formateur pourra montrer que ce schéma est un moyen à la fois de recherche de l'information et d'expression de cette information.

Organiser ses idées

Observations personnelles

Remarques sur l'exercice

Durée _____

Intérêt des participants _____
_____
_____

Efficacité de l'exercice _____
_____
_____

Variantes personnelles

_____
_____
_____
_____
_____

Aspects et critères

OBJECTIFS

* Développer la fluidité mentale.
* S'entraîner à classer ses idées.

MATÉRIEL

Néant

DOCUMENT

Néant

DÉROULEMENT

Le formateur demande à chaque participant de faire une intervention sur un thème de son choix, à partir de plusieurs aspects ou critères.

Exemples : Aspect ou critère économique
technique
politique
éthique
écologique
économique
scientifique
esthétique
commercial
historique
sociologique
médical

COMMENTAIRES

Cet exercice donne aux participants une méthode pour mobiliser leurs idées sur un sujet. Il est souvent nécessaire de commencer par un exercice collectif pour clarifier la notion d'aspect.

Selon le thème abordé, les critères retenus ne seront pas les mêmes. On a donc intérêt à multiplier les thèmes pour que l'ensemble des aspects ou des critères soit balayé.

Organiser ses idées

VARIANTE

Tous les participants interviennent sur le même thème en développant chacun un aspect particulier.

Observations personnelles

Remarques sur l'exercice

Durée _____

Intérêt des participants _____
_____
_____

Efficacité de l'exercice _____
_____
_____

Variantes personnelles

_____
_____
_____
_____
_____

Mise en phases et points clefs

OBJECTIF

* Développer la logique de l'expression.

MATÉRIEL

Rétroprojecteur si possible.

DOCUMENT

Néant

DÉROULEMENT

La mise en phases et points clefs (inspirés de la méthode T.W.I., Training Within Industry) s'applique à une action.

La phase traduit, le plus brièvement possible et toujours par un verbe, l'action ; les points clefs indiquent comment agir (ex. : Phase : prendre un crayon ; Points clefs : dans la main droite, entre le pouce et l'index).

Après l'explication des notions de phases et points-clefs, chaque participant utilise cette méthode pour expliquer une technique, un geste. Chacun présente son travail sous forme d'un tableau où se dégagent à droite les différentes phases dans l'ordre chronologique de l'action, et en regard de chaque phase les différents points clefs.

COMMENTAIRES

Il est intéressant de faire un premier exercice sur une action simple et connue de tout le monde, pour ensuite travailler sur une pratique plus complexe.

Au moment de la correction, il est plus aisé de travailler d'abord le déroulement des phases, pour vérifier la logique générale de l'action et ensuite étudier les précisions apportées par les points clefs. À ce propos, il est plus commode de faire réaliser le travail sur des transparents qui seront projetés et permettront une correction collective. Il est possible de compliquer l'exercice en ajoutant une troisième colonne : Pourquoi ? ; c'est-à-dire pourquoi il faut faire la phase comme cela, et pas autrement.

On s'aperçoit que quelquefois il n'y a pas de « Pourquoi ? », ou au contraire que le « Pourquoi ? » nécessite de nombreuses explications.

Organiser ses idées

Observations personnelles

Remarques sur l'exercice

Durée _____

Intérêt des participants _____
_____
_____

Efficacité de l'exercice _____
_____
_____

Variantes personnelles

_____
_____
_____
_____
_____

Le plan commun

OBJECTIF

* Développer la rigueur du raisonnement.

MATÉRIEL

Néant

DOCUMENT

Néant

DÉROULEMENT

1re phase

Les participants se mettent d'accord sur le choix d'un thème.
Puis ils élaborent ensemble un plan d'exposé sur ce thème.

2e phase

Plusieurs participants improvisent un exposé à partir des plans choisis par le groupe.

COMMENTAIRES

Cet exercice, dans la série consacrée aux plans, permet au formateur d'intervenir dans l'élaboration collective pour bien faire comprendre la notion de plan.

Nous avons souvent constaté que les participants faisaient du plan un découpage plus ou moins artificiel en plusieurs parties.

Cela nous a amenés à utiliser un terme plus évocateur et moins chargé de sens scolaire : la trajectoire logique.

Organiser ses idées

Observations personnelles

Remarques sur l'exercice

Durée _____

Intérêt des participants _____

_____

_____

Efficacité de l'exercice _____

_____

_____

Variantes personnelles

_____

_____

_____

_____

_____

Quelques types de lettres

OBJECTIF

* Apprendre à organiser et à exprimer ses idées en fonction d'un objectif.

MATÉRIEL

Néant

DOCUMENTS

Dans certains cas, un dossier assez complet qui présente une situation nécessitant la rédaction d'une lettre.

DÉROULEMENT

Le formateur propose une situation à partir de laquelle les participants auront à écrire une lettre.

Exemples :

- La lettre de motivation pour un emploi.
- À la suite d'une contravention on écrit au préfet pour lui demander une suppression ou une diminution de l'amende.
- Correspondance avec la Sécurité sociale :

Ex. M. X. demeure rue de Reuilly et travaille boulevard de Reuilly à 10 mn de son domicile. Il sort du travail à 18 h. À 19 h 40, un vendredi soir, il a un accident de la circulation à Vincennes (rue X), incapacité de travail de 10 %.

La Sécurité sociale refuse l'indemnisation pour deux raisons :

- détournement du trajet légal
- retard excessif (18 h-19 h 40).

Or, depuis 2 mois, l'épouse de M. X... est à l'hôpital. Sa sœur qui demeure à Vincennes garde sa fille âgée de 2 ans. Le vendredi soir il retourne la chercher pour le week-end. Or le code de la Sécurité sociale prévoit la prise en charge s'il y a détournement du trajet légal pour se rendre vers une résidence secondaire ou tout lieu où l'assuré se rend « de façon habituelle » et si le trajet a été prolongé pour des raisons relevant des « nécessités de la vie courante ».

M. X... écrit à la Sécurité sociale pour réclamer la prise en charge.

- Lettre d'un locataire à un gérant de l'immeuble : plainte contre des voisins bruyants.

Organiser ses idées

CONSIGNES :
Le formateur doit demander aux participants de ne rédiger la lettre qu'après en avoir élaboré un plan clair et rigoureux.

COMMENTAIRES

Il est important que les participants eux-mêmes, et non le formateur, fassent la critique des lettres rédigées.

Réunis en sous-groupes, ils auront à relever dans des lettres (qui ne sont pas les leurs), les erreurs, maladresses :

- dans le plan,
- dans l'expression,
- ...

Puis ils communiquent leurs observations à l'auteur des lettres concernées.

Lorsque chacun a émis et reçu un certain nombre de critiques, le groupe essaie de résoudre les difficultés rencontrées, en élaborant, sous la conduite du formateur, une lettre plus adéquate à la situation. (Il n'y a pas selon nous de lettre modèle.)

Observations personnelles

Remarques sur l'exercice

Durée _____

Intérêt des participants _____

_____

Efficacité de l'exercice _____

_____

Variantes personnelles

_____

_____

_____

Rédaction articulée

Organiser ses idées

OBJECTIFS

• Faire ressortir la logique d'un texte.
• Attirer l'attention du lecteur sur les informations essentielles.

MATÉRIEL

Néant

DOCUMENTS

Deux textes longs et peu aérés.

DÉROULEMENT

Le formateur constitue deux sous-groupes A et B et remet à chaque membre du même sous-groupe le même texte.

Il leur demande de le réécrire, en utilisant une rédaction articulée.

Puis le formateur remet à A les rédactions de B et à B celles de A.

En comparant les textes, chaque sous-groupe est invité à voir comment une rédaction articulée et visualisée facilite la compréhension et attire l'attention du lecteur.

COMMENTAIRES

Le formateur est parfois amené à bien préciser que la rédaction articulée consiste en une visualisation des différentes articulations du texte (alinéa, tirets...) ce qui peut entraîner un remaniement de certains termes par souci de cohérence grammaticale.

Observations personnelles

Remarques sur l'exercice

Durée _____

Intérêt des participants _____

_____

_____

Efficacité de l'exercice _____

_____

_____

Variantes personnelles

_____

_____

_____

_____

_____

Chapitre 3

FAIRE DES SYNTHÈSES

Faire des synthèses est l'un des impératifs les plus fréquents en matière d'expression. Pour économiser du temps, de l'espace et de la fatigue, on est amené, dans la vie professionnelle et dans toute activité sociale, à concentrer des informations, à les présenter d'une manière synthétique. Notre société nous contraint à accroître de plus en plus nos connaissances ; mais l'abondance des textes et le manque de temps nous font souhaiter souvent une transmission de ces renseignements, sous une forme « miniaturisée ». Il est utile d'avoir à sa disposition des textes synthétiques et de savoir faire des synthèses. Ce besoin, d'ailleurs, concerne aussi bien l'expression écrite que l'expression orale : que de temps gagné, lorsque, dans un débat, une réunion ou même un entretien, des synthèses partielles permettent de distinguer clairement les points d'accord ou de désaccord !

Quelques-uns s'étonneront peut-être de l'absence, dans cet ouvrage, d'exercices consacrés spécifiquement à développer l'esprit d'analyse. Il est vrai qu'avant de procéder à une synthèse, il faut avoir analysé les faits, avoir perçu nettement les différents éléments d'un tout ou les diverses idées émises, bref, avoir décomposé un tout complexe en ses éléments. Tout acte de synthèse doit être précédé d'un acte d'analyse. Mais plusieurs ouvrages existent déjà, qui donnent des méthodes d'analyse. C'est en outre notre expérience de formateur qui nous a fait privilégier les exercices qui entraînent à faire des synthèses.

La technique du résumé est habituellement utilisée pour entraîner à la synthèse. On commence par résumer des textes courts, clairs et bien construits, puis des textes plus difficiles à comprendre et moins rigoureux, textes qui exigent donc une véritable restructuration du document. Vu l'aspect classique et traditionnel de l'exercice, nous n'avons pas cru bon de nous y arrêter. Tout juste avons-nous voulu dans la *fiche n° 39*, attirer l'attention de chacun sur le rôle pédagogique et l'utilité pratique de la présentation imposée.

Plutôt que de s'en tenir à la synthèse, soit de trois textes développant des idées voisines, soit de textes en apparence contradictoires, mais en fait complémentaires, nous préférons recourir aux synthèses de débats et surtout aux « revues de presse ». Ancré sur l'actualité, cet exercice représente un entraînement sans « relent » scolaire, tout en étant efficace. Mais, avant même d'utiliser ce genre d'exercices, nous suggérons d'autres méthodes.

Dans un premier temps, nous recourons à la présentation 2 à 2 *(fiche n° 28)*, pour que chacun puisse prendre conscience, dans un climat détendu, de la manière dont il sélectionne des informations et fait des synthèses.

L'entraînement à la synthèse passe ensuite par le développement, en tout premier lieu, de la concision et de la précision.

De la technique de la reformulation, nous tirons le plus grand profit : celui qui reformule doit clarifier ce que l'autre a souvent dit d'une manière confuse et inorganisée, et cela sans le déformer.

Tous ces exercices incitent en outre à rechercher l'objectivité. Trop souvent notre subjectivité teinte les interventions orales et écrites que nous voudrions objectives. Or, une bonne synthèse exige le respect des intentions de l'auteur. C'est pourquoi, nous proposons des exercices qui, tout en développant l'esprit de synthèse, apprennent à ne pas confondre résumé de la pensée d'autrui et commentaire personnel de cette pensée, ou encore à bien distinguer faits objectifs et opinions personnelles sur ces faits.

Enfin, la construction de graphiques, de schémas, de tableaux peut être conçue comme une manière difficile mais inhabituelle de faire des synthèses.

Présentation deux à deux

OBJECTIF
- S'entraîner à la synthèse.

MATÉRIEL
Néant

DOCUMENT
Néant

DÉROULEMENT
- Les participants sont regroupés deux par deux ; on évite de former des couples où les deux personnes se connaissent.
- Chaque participant joue au journaliste et interviewe son partenaire afin de le présenter au groupe.
  L'interviewer peut poser toutes sortes de questions, mais la personne interrogée a toujours le droit de refuser de répondre à certaines questions. Il est recommandé à l'interviewer d'écouter l'autre plutôt que de l'assaillir de questions.
- Ensuite, les rôles sont inversés.
- Enfin, chaque participant, à tour de rôle, présente au groupe la personne interviewée.
- Après chaque intervention, le formateur demande à l'intéressé son avis sur la présentation qu'on vient de faire de lui, et laisse le groupe poser des questions au présentateur.

COMMENTAIRES
- Utilisé au début des stages consacrés aux techniques d'expression, ce jeu facilite la mise en relation des participants et crée un climat détendu.
- Cette forme d'animation a surtout le mérite d'éviter la présentation style « tour de table ».
- L'animateur peut proposer des pistes à explorer dans les interviews ou bien, volontairement, ne donner aucune consigne et laisser les participants choisir leurs pistes, ce qui donnera lieu ensuite à des analyses.

Observations personnelles

Remarques sur l'exercice

Durée _____

Intérêt des participants _____

_____

_____

Efficacité de l'exercice _____

_____

_____

Variantes personnelles

_____

_____

_____

_____

_____

Interview en sous-groupes

OBJECTIFS

* Développer la qualité de l'écoute.
* Développer l'esprit de synthèse.

MATÉRIEL

Néant

DOCUMENT

Néant

DÉROULEMENT

* Un thème d'interview est décidé à l'avance par le groupe.
* On répartit les membres du groupe en sous-groupes de 4 personnes.
* On désigne, dans chaque sous-groupe :
1 interviewer
2 interviewés
1 observateur
* C'est le même thème qui sera traité dans les différents sous-groupes.
* L'interviewer doit interviewer deux personnes **en même temps** et non à tour de rôle sur le thème choisi.
* À la fin de l'interview, il doit présenter au groupe une synthèse des informations recueillies. Il recevra de la part des interviewés une approbation ou un démenti de ses interventions.
* L'observateur a pour rôle de s'attacher à la conduite de l'entretien et aux phénomènes relationnels qui peuvent émerger. Il fait un compte rendu de ses observations au grand groupe.

COMMENTAIRES

* On attirera l'attention des participants sur l'intérêt de reformuler, voire de faire des synthèses partielles, pour parvenir à une synthèse finale fidèle.

Faire des synthèses

Observations personnelles

Remarques sur l'exercice

Durée _____

Intérêt des participants _____
_____
_____

Efficacité de l'exercice _____
_____
_____

Variantes personnelles

_____
_____
_____
_____
_____

Titres et sous-titres

OBJECTIFS

- Développer l'esprit de synthèse et la concision.
- Trouver des termes justes pour motiver le lecteur et susciter son intérêt.

MATÉRIEL

Néant

DOCUMENTS

Un texte constitué de trois ou quatre paragraphes d'égale longueur. Ce texte doit être photocopié en un nombre d'exemplaires au moins égal à celui des participants.

DÉROULEMENT

Après avoir remis à chaque participant un exemplaire du même texte, le formateur demande à chacun de donner par écrit :

- un titre général,
- un sous-titre à chaque paragraphe.

Quand les participants ont terminé, le formateur ramasse toutes les feuilles et inscrit au tableau les différentes propositions. Le groupe est alors convié à dire les titres et les sous-titres qu'il juge les meilleurs et pourquoi.

COMMENTAIRES

Cet exercice développe l'esprit de synthèse en exigeant des participants une recherche de la précision et de la concision.

Mais en même temps qu'à la concision, on devra s'attacher au pouvoir attractif des termes choisis.

On gagne à faire précéder cet exercice de celui qui est décrit sous la rubrique « Presses et titres » *(fiche n° 44)*.

Faire des synthèses

Observations personnelles

Remarques sur l'exercice

Durée _____

Intérêt des participants _____

_____

_____

Efficacité de l'exercice _____

_____

_____

Variantes personnelles

_____

_____

_____

_____

_____

La dépêche

OBJECTIFS

* Développer l'esprit de synthèse.
* S'entraîner à être précis et concis.

MATÉRIEL

Néant

DOCUMENTS

Un quotidien comportant des rubriques de faits divers détaillés.

DÉROULEMENT

1re phase

Pendant que le formateur lit un extrait du journal relatant un fait divers, les participants prennent des notes.
Au besoin, le formateur le lira une seconde fois.

2e phase

Chacun se transforme en journaliste chargé de retransmettre, par fax, à un correspondant lointain, journaliste comme lui, les informations reçues, afin qu'à son tour, ce correspondant lointain puisse écrire un article.

3e phase

Une fois les dépêches rédigées, chacun lit son texte à haute voix. Les autres participants émettent des commentaires sur :

> la qualité de l'information (clarté, pertinence),
> la concision de l'expression.

4e phase

Le groupe, sous la conduite du formateur, élabore une dépêche dans laquelle il essaie d'éviter les défauts recensés précédemment.

COMMENTAIRES

Cet exercice, en général bien accepté par les groupes, peut être complété par l'un des travaux écrits suivants :
1re **variante** : chaque stagiaire, à partir de sa propre dépêche, rédige un article, comme s'il était maintenant le correspondant lointain auquel il s'adresse.

Faire des synthèses

Il faut évidemment s'en tenir à la dépêche et faire abstraction de la connaissance du texte initial.

2ᵉ variante : lorsque toutes les dépêches ont été rédigées, le formateur répartit les rédacteurs en deux sous-groupes et remet au sous-groupe A les dépêches du sous-groupe B, au sous-groupe B les dépêches du sous-groupe A.

Chaque sous-groupe, après avoir confronté les diverses dépêches, élabore en commun un article de journal.

Observations personnelles

Remarques sur l'exercice

Durée _____

Intérêt des participants _____

_____

_____

Efficacité de l'exercice _____

_____

_____

Variantes personnelles

_____

_____

_____

_____

_____

2 minutes - 10 minutes

OBJECTIFS

- Développer l'esprit de synthèse en distinguant l'essentiel de l'accessoire, en recherchant la précision et la concision.
- Distinguer faits et opinions.

MATÉRIEL

Néant (éventuellement magnétophone ou magnétoscope)

DOCUMENT

Néant

DÉROULEMENT

1re phase

Un participant raconte oralement en deux minutes, puis en dix minutes, un livre ou un film.

2e phase

Ce même participant est invité à expliquer pourquoi il a apprécié ou non ce film ou ce livre.

3e phase

Les autres participants posent au narrateur des questions qui permettent d'expliciter un point du récit ou une opinion émise.

Puis, sous la conduite du formateur (éventuellement en réentendant certains passages), le groupe fait une synthèse centrée sur :

- la clarté des explications données (place des éléments essentiels, des détails),
- la justification des opinions émises,
- la distinction entre le récit (était-il objectif ?) et les opinions (ou totalement subjectives ou fondées sur des critères de valeur).

COMMENTAIRES

La contrainte « 2 mn, 10 mn » oblige le participant à faire preuve d'abord d'esprit de synthèse, ensuite de fluidité verbale.

Cet exercice permet de surmonter les obstacles rencontrés, lorsqu'on est invité à donner les raisons d'un jugement laudatif ou péjoratif.

La troisième phase peut faire l'objet d'un travail écrit.

Faire des synthèses

Observations personnelles

Remarques sur l'exercice

Durée _____

Intérêt des participants _____
_____
_____

Efficacité de l'exercice _____
_____
_____

Variantes personnelles

_____
_____
_____
_____
_____

Revue de presse

OBJECTIF

* DÉVELOPPER l'esprit de synthèse.

MATÉRIEL

Néant

DOCUMENTS

Plusieurs exemplaires de journaux du jour, reflétant des tendances différentes.

DÉROULEMENT

Le formateur demande à quelques participants (4 ou 5) de préparer un **journal parlé**. Les « journalistes » choisissent eux-mêmes les thèmes qu'ils vont retenir et se les répartissent.

Chacun rassemble ensuite les articles des différents journaux qui se rapportent à son thème.

Au moment du journal parlé, chaque journaliste présente sa rubrique en résumant les articles choisis et, surtout, en mettant en évidence les points d'accord et de désaccord entre les journaux.

Un participant, jouant le rôle du rédacteur en chef, assurera la liaison entre les différentes interventions des journalistes.

COMMENTAIRES

Cet exercice, dans des stages résidentiels de plusieurs jours, permet de maintenir les participants au courant de l'actualité.

Sur le plan pédagogique, nous avons constaté que les personnes moins à l'aise dans l'expression orale trouvaient là une certaine sécurité, en prenant la parole dans le cadre d'une équipe.

Filmer l'exercice donne des possibilités accrues d'exploitation.

Faire des synthèses

Observations personnelles

Remarques sur l'exercice

Durée _____

Intérêt des participants _____
_____
_____

Efficacité de l'exercice _____
_____
_____

Variantes personnelles

_____
_____
_____
_____
_____

Compte rendu de séance

OBJECTIFS

- Développer l'esprit de synthèse.
- Apprendre à distinguer un écrit « objectif » d'un écrit « subjectif ».

MATÉRIEL

Néant

DOCUMENT

Néant

DÉROULEMENT

À la fin d'une journée de stage ou d'une séance consacrée aux techniques d'expression, chaque participant rédige le compte rendu de la journée ou de la séance qu'il vient de vivre.

Ce compte rendu doit pouvoir informer un participant absent.

Le formateur insiste sur l'aspect objectif que doit revêtir le compte rendu.

COMMENTAIRES

Par cet exercice, on fait prendre conscience de la difficulté que l'on rencontre à transmettre **clairement** du vécu.

VARIANTE

Le formateur peut proposer de faire suivre le compte rendu objectif d'un commentaire qui traduise les sentiments et les impressions du participant ainsi que sa perception de ceux du groupe.

Lorsque les comptes rendus sont rédigés, le formateur lit ou fait un certain nombre de ces textes écrits. De la confrontation des différentes versions, il amène le groupe à réfléchir sur l'incidence de la subjectivité qui se traduit par des commentaires, des évaluations, des oublis ou encore des détails secondaires présentés comme essentiels...

Faire des synthèses

Observations personnelles

Remarques sur l'exercice

Durée _____

Intérêt des participants _____

_____

_____

Efficacité de l'exercice _____

_____

_____

Variantes personnelles

_____

_____

_____

_____

_____

Compte rendu oral d'un long texte écrit

OBJECTIFS

- Développer l'esprit d'analyse et de synthèse.
- S'entraîner à distinguer faits et opinions.

MATÉRIEL

Néant

DOCUMENTS

Des articles de journaux : par exemple des extraits des « dossiers du MONDE ». Les uns seront de type INFORMATIF, les autres de type POLÉMIQUE sur les mêmes thèmes.
Ex. : des événements politiques, le clonage, les aliments transgéniques.

DÉROULEMENT

- Le formateur remet à chaque participant un article différent. Tous disposent du même temps pour prendre connaissance de leur texte.
- Il leur demande « d'en rendre compte ».
- Chacun prépare son compte rendu qu'il exposera devant le groupe. Tout ce travail se fait sans recourir à l'expression écrite (ni prise de notes, ni rédaction).

COMMENTAIRES

- Ce travail correspond, en expression écrite, à la simple « note de lecture », distincte de la « note critique » qui analyse et juge.
- Au moment de l'exploitation, on vérifiera si l'essentiel a été dit.
- Le point délicat est de choisir les idées pertinentes en respectant les points de vue émis, en restant impartial.
- On peut ensuite prolonger ce travail par une comparaison des idées émises en fonction des différents points de vue* et aspects*.

Faire des synthèses

Observations personnelles

Remarques sur l'exercice

Durée _____

Intérêt des participants _____
_____
_____

Efficacité de l'exercice _____
_____
_____

Variantes personnelles

_____
_____
_____
_____
_____

Textes lus en alternance

OBJECTIFS

- Développer l'esprit de synthèse.
- S'entraîner à reformuler.
- Développer l'écoute.

MATÉRIEL

Néant (magnétophone, magnétoscope, éventuellement).

DOCUMENTS

Deux textes d'égale longueur que l'on peut découper en un nombre égal de petits paragraphes.

DÉROULEMENT

Deux participants A et B ayant chacun un texte **différent** vont lire en alternance.

- A lit le premier paragraphe de son texte.
- B résume ce que vient de lire A puis lit le premier paragraphe de son texte.
- A résume ce que vient de lire B, et lit le deuxième paragraphe de son texte.
- B résume le deuxième paragraphe que A vient de lire et lit à son tour le deuxième paragraphe de son propre texte.

Et ainsi de suite, jusqu'à la fin des deux textes.

Quand A et B ont fini, A résume **tout** le texte de B et B **tout** le texte de A.

COMMENTAIRES

Cet exercice, assez difficile, exige une double attention. Chacun doit suivre ce qu'il dit et ce que dit son partenaire.

En faisant réentendre au magnétophone, ou au magnétoscope, certains passages, le formateur analysera avec le groupe les moyens mis en œuvre par chaque lecteur pour faciliter l'écoute de leur partenaire.

Faire des synthèses

Observations personnelles

Remarques sur l'exercice

Durée _____

Intérêt des participants _____

_____

_____

Efficacité de l'exercice _____

_____

_____

Variantes personnelles

_____

_____

_____

_____

_____

Lecture, prise de notes[1] et résumé écrit

OBJECTIFS

* Développer l'esprit de synthèse,
* Développer l'écoute.

MATÉRIEL

Néant

DOCUMENTS

Un texte ne présentant pas de trop grandes difficultés de compréhension.

DÉROULEMENT

Le formateur lit un texte, les participants prennent des notes et rédigent un résumé.

COMMENTAIRES

L'intérêt et la difficulté de l'exercice résident dans la rédaction d'un résumé, non point à partir d'un texte écrit que l'on aurait sous les yeux, mais à partir de notes prises en écoutant un texte lu.

Cet exercice peut également servir de support pour un travail sur la prise de notes.

VARIANTE

1) Le formateur prévoit des arrêts dans sa lecture, afin de permettre aux participants de rédiger des résumés partiels.

2) Le formateur lit d'une traite tout le texte et les résumés ne sont rédigés qu'après la lecture totale du texte.

À la fin de la rédaction des résumés, le formateur analyse avec le groupe la fidélité des résumés.

---

1. Cf. Renée et Jean Simonet, *La prise de notes intelligente*, Éditions d'Organisation.

Faire des synthèses

Observations personnelles

Remarques sur l'exercice

Durée _____

Intérêt des participants _____
_____
_____

Efficacité de l'exercice _____
_____
_____

Variantes personnelles

_____
_____
_____
_____
_____

Lecture alternée et résumé

OBJECTIFS
* Développer l'esprit de synthèse,
* Développer l'écoute.

MATÉRIEL
Néant

DOCUMENTS
Deux textes sur des sujets différents.

DÉROULEMENT
Le formateur a devant lui deux textes différents (A et B).
Il lit le premier paragraphe du texte A, puis le premier paragraphe du texte B.
Pendant cette lecture, les participants écoutent sans prendre de notes.
Dès que le formateur a terminé la lecture de ces premiers paragraphes, les participants résument l'un et l'autre des paragraphes sur deux feuilles séparées.
On procède ainsi jusqu'à la fin des textes.

COMMENTAIRES
La lecture alternée de deux textes différents accroît encore la difficulté. Mais bien préparés par les exercices précédents, les participants arrivent souvent à des résultats corrects. De très nets progrès ont, par cet exercice, été enregistrés.
Chacun prend ainsi conscience que les qualités d'écoute et de synthèse ne sont pas liées à des phénomènes mécaniques de mémoire, mais à une intensité d'attention.

VARIANTE
Le formateur lit en alternance les paragraphes des deux textes et les participants écoutent la lecture complète des deux textes, sans prendre de notes et sans rédiger, en cours de route, de résumés partiels.
C'est seulement lorsque le formateur a achevé la lecture complète des deux textes que les participants résument, séparément et dans leur totalité, les deux textes.
Le formateur analyse avec le groupe la fidélité des résumés.

Observations personnelles

Remarques sur l'exercice

Durée _____

Intérêt des participants _____
_____
_____

Efficacité de l'exercice _____
_____
_____

Variantes personnelles

_____
_____
_____
_____
_____

Résumé - Contraction

OBJECTIF
- Développer l'esprit de synthèse.

MATÉRIEL
Néant

DOCUMENTS
Un texte **bien construit**.

DÉROULEMENT
- On remet à tous les participants un exemplaire du même texte et on leur demande de construire, en face du texte, un résumé cohérent qui puisse se lire sans difficulté.
- On propose la disposition suivante :

		Texte initial
	Résumé n° 1	....
	....	....
	....	....
Résumé	Résumé n° 2	....
Général	....	....
	....	....
	Résumé n° 3	....
	....	....
	....	....

- Dans une séance de synthèse, on comparera les différents résumés.

COMMENTAIRES
- Cet exercice est l'application d'une technique qui est de plus en plus utilisée dans les rapports d'entreprise et dans les revues spécialisées.
- Nous avons fini par remplacer l'exercice traditionnel du résumé par celui-ci qui présente l'intérêt de bien visualiser le cheminement parallèle des deux pensées.

Faire des synthèses

Observations personnelles

Remarques sur l'exercice

Durée _____

Intérêt des participants _____
_____
_____

Efficacité de l'exercice _____
_____
_____

Variantes personnelles

_____
_____
_____
_____
_____

Le graphique

OBJECTIFS
- Développer l'esprit de synthèse.
- Passer d'un langage à un autre.

MATÉRIEL
Néant

DOCUMENTS
Des articles comportant des informations chiffrées, insérées dans une étude assez approfondie d'un problème (ex. articles extraits d'hebdomadaires économiques).

DÉROULEMENT

1re phase
Le formateur distribue à chaque participant un exemplaire du même document.

Puis il constitue des sous-groupes et demande aux membres de chaque sous-groupe d'élaborer en commun un graphique ou un tableau, selon la nature du document. Dans chaque sous-groupe, un observateur note comment l'on procède pour créer le tableau ou le graphique.

2e phase
Lorsque les graphiques ou les tableaux sont finis, chaque observateur explique devant l'ensemble du groupe la méthode suivie par son sous-groupe.

3e phase
On compare les différents graphiques ou tableaux proposés et on établit des liens entre la valeur des résultats obtenus et la démarche empruntée.

COMMENTAIRES
Grâce au travail en groupe, chaque participant est incité à voir comment l'on opère un choix parmi toutes les informations reçues, sans que le formateur ait besoin de faire une critique individualisée.

Faire des synthèses

Observations personnelles

Remarques sur l'exercice

Durée _____

Intérêt des participants _____
_____
_____

Efficacité de l'exercice _____
_____
_____

Variantes personnelles

_____
_____
_____
_____
_____

Le schéma

OBJECTIFS

  * Développer l'esprit de synthèse.
  * Recourir au graphisme comme moyen de synthétiser des idées.

MATÉRIEL

Néant

DOCUMENT

Néant

DÉROULEMENT

Le formateur demande à chaque participant de représenter sous la forme d'un schéma l'institution à laquelle il appartient et la place qu'il y tient (statut, activité).

Le schéma doit se comprendre sans explication complémentaire. On doit donc conseiller aux participants de recourir au plus grand nombre d'artifices graphiques possible pour montrer les liens logiques entre les idées.

Lorsque les schémas sont terminés, ils sont affichés au tableau et chacun, successivement, est commenté par une personne autre que le rédacteur. L'analyse des réactions de l'intéressé, à l'issue de ce commentaire, permet de découvrir les failles du schéma.

COMMENTAIRES

Nous utilisons souvent cet exercice qui permet d'attirer l'attention sur les avantages des schémas et sur l'importance de la qualité graphique. Mais il présente de réelles difficultés.

Faire des synthèses

Observations personnelles

Remarques sur l'exercice

Durée _____

Intérêt des participants _____

_____

_____

Efficacité de l'exercice _____

_____

_____

Variantes personnelles

_____

_____

_____

_____

_____

Chapitre 4

ADAPTER SON EXPRESSION

S'exprimer, ce n'est pas seulement « dire », c'est aussi traduire une manière d'être. À travers le message le récepteur perçoit une certaine attitude de l'émetteur à son égard. C'est en cela qu'une formation en profondeur à l'expression implique une formation à la relation.

Les exercices que nous proposons au chapitre VII « S'exprimer et Communiquer » permettent une sensibilisation aux problèmes relationnels. Notre propos, ici, est d'entraîner à traduire cette attitude par un effort d'adaptation du message au(x) destinataire(s).

Il nous paraît utile, dans un premier temps, de démontrer le mécanisme de l'adaptation de l'expression à un objectif et à un public au travers de moyens de communication qui sont notoirement fondés sur ce principe, tels que la publicité et la presse.

Les exercices illustrant cette phase d'analyse s'appuient sur la lecture de journaux et de revues, et ils permettent de prendre conscience du « pouvoir » de l'expression verbale.

Après avoir analysé ce que d'aucuns appellent « le langage manipulatoire », on invite les participants à mettre en pratique les remarques faites soit en écrivant, « à la manière de » *(fiche n° 49)*, soit en intervenant oralement, comme s'ils étaient « dans la peau » de différentes personnes, en adoptant leur point de vue.

Mais on gagne à ne pas aller trop vite et à développer l'aspect ludique d'un tel entraînement. C'est à ce but que tendent l'exercice écrit sur le carton d'invitation *(fiche n° 46)* et les exercices oraux d'improvisation.

À ces exercices qui entraînent à transmettre un même message en fonction d'objectifs, de situations et de publics différents, succéderont des exercices plus élaborés. L'un répond à un besoin vital de notre société : celui de savoir passer d'un langage technique au langage courant. Un autre, lié à l'usage du dictaphone *(fiche n° 53)* attire l'attention sur la nécessité d'adapter son message lorsque l'on passe de l'oral à l'écrit.

C'est à l'issue d'un tel entraînement que l'on peut convier les participants à des travaux plus directement opérationnels, tels que la rédaction de lettres ou de notes.

Presse et discours

OBJECTIFS

* Analyser la déformation d'un message.
* Analyser l'expression au service d'une idéologie.
* Distinguer informations et opinions.

MATÉRIEL

Néant

DOCUMENTS

▷ Le texte d'un discours récent important (1 exemplaire par participant).
▷ Plusieurs séries de quotidiens (du même jour), de tendances différentes, comportant les comptes rendus de ce discours.

DÉROULEMENT

* Les participants sont répartis en sous-groupes de 3 ou 4.

On distribue dans chaque sous-groupe les différents journaux et le discours complet.

1re phase

Chaque participant dispose du discours et d'un journal.

Il analyse le compte rendu de celui-ci pour souligner l'utilisation :

▷ des citations (et leurs coupures),
▷ des résumés (entre les citations),
▷ des commentaires.

2e phase

Au niveau de chaque sous-groupe, chacun fait le rapport de son analyse.
Le sous-groupe établit des comparaisons.

3e phase

Séance de synthèse en grand groupe.

COMMENTAIRES

Le formateur conduira la séance de synthèse en recensant, à partir des observations des sous-groupes, les différents moyens par lesquels les propos de quelqu'un peuvent être déformés au niveau :

▷ du choix des citations (sélection subjective de certaines parties du discours),

Adapter son expression

▶ des commentaires (présentés clairement comme des commentaires ou subrepticement glissés entre des parties du discours),

▶ des interprétations (distinguer faits et opinions).

Une telle analyse permet éventuellement de susciter, chez le lecteur fidèle d'un quotidien particulier, une attitude critique par rapport à l'information qu'il reçoit.

Remarques :

On trouvera dans le **Journal Officiel** le texte intégral d'interventions faites au Parlement, qui sont souvent reproduites partiellement et avec commentaires dans la presse écrite.

Observations personnelles

Remarques sur l'exercice

Durée _____

Intérêt des participants _____

_____

_____

Efficacité de l'exercice _____

_____

_____

Variantes personnelles

_____

_____

_____

_____

_____

Presse et chiffres

OBJECTIFS
- Analyser les moyens de « faire parler » les chiffres.
- Distinguer information et opinion.

MATÉRIEL
Néant

DOCUMENTS
- Les résultats chiffrés
  - d'une enquête
  - d'un sondage
  - d'une élection
- Plusieurs quotidiens de tendances différentes comportant l'analyse de ces données.

DÉROULEMENT
On répartit les participants en sous-groupes et on remet à chaque sous-groupe les données brutes et l'un des quotidiens. Il analyse la signification que le journaliste donne ou induit (sélection des chiffres, chiffres bruts, pourcentages, interprétations et opinions...).
Chaque sous-groupe désigne un rapporteur qui informe le grand groupe de ses conclusions.
Puis une séance de synthèses se fait en grand groupe.

COMMENTAIRES
L'exploitation de cet exercice est sensiblement la même que celle de l'exercice précédent ; seul le texte de départ diffère.

Adapter son expression

Observations personnelles

Remarques sur l'exercice

Durée _____

Intérêt des participants _____
_____
_____

Efficacité de l'exercice _____
_____
_____

Variantes personnelles

_____
_____
_____
_____
_____

Presse et titres

OBJECTIFS

* Distinguer information et opinion.
* Analyser le titre comme sélection d'une information.

MATÉRIEL

Néant

DOCUMENTS

* Plusieurs quotidiens du même jour, de tendances différentes comportant autant que possible des informations sur un événement important (ex. élections, médiation de l'ONU, grève...).

DÉROULEMENT

On répartit les participants en sous-groupes et on remet à chaque sous-groupe un certain nombre de journaux. Ils auront à établir une comparaison entre les titres et sous-titres des différents articles relatant la même information.

Puis une séance de synthèse se déroule en grand groupe.

COMMENTAIRES

L'animateur pourra attirer l'attention des participants sur la nature des titres :

▶ Sont-ils une synthèse objective de l'information ou la sélection d'une partie de l'information ?

▶ Par quels procédés de langage attirent-ils l'attention du lecteur ?

L'intérêt de cet exercice est qu'il se fonde sur des textes courts et peut donc susciter une analyse approfondie et détaillée.

Adapter son expression

Observations personnelles

Remarques sur l'exercice

Durée _____

Intérêt des participants _____

_____

_____

Efficacité de l'exercice _____

_____

_____

Variantes personnelles

_____

_____

_____

_____

_____

Analyse de textes publicitaires

OBJECTIF

* Étudier les différents moyens d'expression utilisés pour susciter un comportement.

MATÉRIEL

Néant

DOCUMENTS

Des publicités comportant image et textes sur un même produit ou des produits semblables. Le formateur doit prévoir autant d'exemplaires que de participants.

DÉROULEMENT

On remet aux participants réunis en sous-groupes des publicités et on leur demande :
- d'étudier la disposition typographique,
- de dégager les rapports entre l'expression graphique et picturale et le message linguistique,
- de rechercher quelle sorte de public on a voulu toucher,
- de dégager les « motivations »* que le texte et l'image ont pour but d'exploiter chez le lecteur et les « freins »* (résistances à l'achat) qu'ils cherchent à détruire.

* Après l'analyse de ces publicités, un rapporteur, par sous-groupe, communique les résultats obtenus.

COMMENTAIRES

La lecture graphique, linguistique, psychologique, sociologique, etc., d'un même message permet de travailler sur l'interaction de différents langages.

L'analyse de textes publicitaires est un bon apprentissage des techniques de persuasion par l'expression verbale, graphique et picturale.

Adapter son expression

Observations personnelles

Remarques sur l'exercice

Durée _____

Intérêt des participants _____
_____
_____

Efficacité de l'exercice _____
_____
_____

Variantes personnelles

_____
_____
_____
_____
_____

Adapter son expression

Carton d'invitation

OBJECTIF

* Adapter le contenu et l'esthétique du document écrit aux destinataires.

MATÉRIEL

Néant

DOCUMENT

Néant

DÉROULEMENT

On demande aux participants d'imaginer des situations nécessitant la rédaction de cartons d'invitation.

1 ▶ sous une forme traditionnelle

2 ▶ sous une forme originale.

COMMENTAIRES

Il nous paraît intéressant de privilégier moins le texte lui-même que la présentation plus ou moins originale du document.

On s'attache ici à l'aspect esthétique comme moyen d'expression.

Il est bon de confronter les deux formes de présentation.

Adapter son expression

Observations personnelles

Remarques sur l'exercice

Durée _____

Intérêt des participants _____

_____

_____

Efficacité de l'exercice _____

_____

_____

Variantes personnelles

_____

_____

_____

_____

_____

Improvisation d'un conte

OBJECTIFS
- S'adapter à un public.
- Développer l'imagination et la fluidité mentale et verbale.

MATÉRIEL
Néant

DOCUMENT
Néant

DÉROULEMENT
- Le formateur demande d'improviser un conte pour enfants ; les orateurs peuvent :
  a) PARTIR d'une fable ou d'un conte connu, mais à condition d'en modifier la fin ou la nature des personnages ou d'autres éléments.
  b) INVENTER de toutes pièces un conte pour enfants.
  c) MIMER une histoire dont certains personnages seront des animaux qu'il faudra imiter.

COMMENTAIRES
- On a vu certaines personnes moins redouter de prendre la parole, après avoir mimé devant le groupe un conte.
- Mais jamais on ne « contraindra » un participant à mimer.
- Suivant les groupes soit on utilisera l'exercice pour créer un climat détendu soit on attendra ce climat détendu pour faire cet exercice.

VARIANTE
Adapter le même conte à un public d'adultes.

Adapter son expression

Observations personnelles

Remarques sur l'exercice

Durée _____

Intérêt des participants _____
_____
_____

Efficacité de l'exercice _____
_____
_____

Variantes personnelles

_____
_____
_____
_____
_____

Improvisation sur un discours de circonstance

Adapter son expression

OBJECTIFS
- Développer la fluidité mentale et verbale.
- S'adapter aux auditeurs.

MATÉRIEL
Néant

DOCUMENT
Néant

DÉROULEMENT
- Le formateur met un participant en situation d'orateur.
- Il lui demande d'improviser un discours lié à une situation connue :
  - l'accueil d'une nouvelle promotion d'étudiants,
  - la remise de décoration,
  - le départ à la retraite,
  - les remerciements,
  - etc.

COMMENTAIRES
- On ne laisse pas de temps de préparation, et on demande une intervention brève.
  Il est préférable, en effet, que chaque participant fasse, plusieurs fois et sur des thèmes différents, ce type d'intervention.
- Nous insistons particulièrement sur la qualité de la conclusion. Les participants ont souvent du mal à terminer correctement leur intervention.
- Nous évitons de faire une analyse des interventions pour ne pas tomber dans des conseils pratiques qui nous semblent surannés.
  Il n'y a pas à nos yeux de modèles pour ce genre d'intervention, mais seulement une habitude à cette situation particulière d'expression.

Observations personnelles

Remarques sur l'exercice

Durée _____

Intérêt des participants _____
_____
_____

Efficacité de l'exercice _____
_____
_____

Variantes personnelles

_____
_____
_____
_____
_____

À la manière de

OBJECTIF

* Adapter l'expression à des styles et à des modes de pensée différents.

MATÉRIEL

Néant

DOCUMENT

Néant

DÉROULEMENT

Le formateur demande aux participants d'imaginer un événement important qui pourrait être d'actualité.

Puis il leur demande de rédiger, individuellement ou en sous-groupes, des articles relatant cet événement « à la manière » de différents journaux d'appartenance politique, confessionnelle et idéologique bien définie. Il ne faut pas tomber dans la caricature.

Puis les textes sont lus à haute voix, et le groupe émet des commentaires sur la vraisemblance de la formulation.

COMMENTAIRES

Si le groupe a du mal à imaginer un événement l'animateur peut suggérer de choisir un événement important dans l'actualité récente.

Nous conseillons de pratiquer cet exercice avec des groupes qui ont déjà analysé des revues de presse et sont ainsi sensibilisés à des modes d'expression différents.

Observations personnelles

Remarques sur l'exercice

Durée _____

Intérêt des participants _____
_____
_____

Efficacité de l'exercice _____
_____
_____

Variantes personnelles

_____
_____
_____
_____
_____

Interventions selon différents points de vue

OBJECTIFS

- Adapter son intervention au point de vue de la personne qu'on est censé représenter.
- S'entraîner à comprendre les points de vue adverses.

MATÉRIEL

Néant

DOCUMENT

Néant

DÉROULEMENT

Le formateur demande à chaque participant de faire une intervention sur un thème de son choix, en se plaçant à différents points de vue, successivement.

Exemple :

L'accouchement du point de vue :

- de la mère
- du mari
- du frère ou de la sœur
- du médecin
- de la sage-femme
- etc.

COMMENTAIRES

En obligeant les participants à se mettre « dans la peau de l'autre », on les amène :

- à prendre conscience de réactions ou de problèmes qui leur sont étrangers,
- à chercher les arguments d'autrui.

Cet exercice nous paraît une des étapes importantes pour apprendre à convaincre.

On ne peut vraiment espérer rallier à soi quelqu'un que si, au préalable, on a recherché quels arguments étayaient ses convictions.

Adapter son expression

Observations personnelles

Remarques sur l'exercice

Durée _____

Intérêt des participants _____
_____
_____

Efficacité de l'exercice _____
_____
_____

Variantes personnelles

_____
_____
_____
_____
_____

L'entretien sauvage

OBJECTIFS

- Adapter son expression à différentes situations.
- Développer la fluidité mentale.

MATÉRIEL

Néant

DOCUMENT

Néant

DÉROULEMENT

1re phase

Le formateur expose les consignes de l'exercice :

- Un participant va être interviewé par une sorte de jury composé de six autres participants. Il ne s'agit pas d'un entretien centré sur un thème.
- « Le jury », sans rechercher logique ni cohérence dans le déroulement de l'entretien, « bombardera » l'interviewé de questions les plus diverses, voire farfelues, indiscrètes ou agressives.
- Aucune question ne doit reprendre la réponse à la question précédente.
- L'interviewé fait face à toutes les questions sans pour autant répondre sur le contenu, c'est à lui de trouver des procédés rhétoriques pour esquiver les questions gênantes.

2e phase

Un volontaire prend place à une table isolée, face au « jury ».

Les autres participants observent la variété des questions et le mode de réponses qu'elles suscitent.

L'exercice dure environ 10 minutes.

COMMENTAIRES

Nous insistons sur la nécessité du volontariat.

De plus, l'exercice n'est possible que s'il règne un climat détendu dans le groupe.

L'efficacité de l'exercice exige un rythme soutenu de questions.

L'analyse montrera comment le recours à certains tons (ex. : humour, badinage), permet de répondre sans s'impliquer.

Adapter son expression

Observations personnelles

Remarques sur l'exercice

Durée _____

Intérêt des participants _____

_____

_____

Efficacité de l'exercice _____

_____

_____

Variantes personnelles

_____

_____

_____

_____

_____

Langage « technique » et langage courant

OBJECTIFS

* Adaptation du message à l'auditoire.
* Précision et clarté de l'expression.

MATÉRIEL

Néant

DOCUMENTS

Un texte écrit dans un langage spécialisé (langage « technique », « scientifique », « psychologique », « argotique », « psychanalytique »...) qui soit malgré tout compréhensible par les participants.

DÉROULEMENT

* On demande aux participants de réexprimer les idées de ce texte par écrit ou oral dans un langage accessible à tous.

COMMENTAIRES

* Cet exercice nécessite de la part des participants qu'ils lisent attentivement le texte pour le comprendre, qu'ils en fassent éventuellement une synthèse et qu'ils le réexpriment clairement. Il s'agit de parler ou d'écrire **pour être compris**. Dans les deux cas (écrit ou oral) ce sont les membres du groupe qui sont invités à critiquer les différentes propositions.

Adapter son expression

Observations personnelles

Remarques sur l'exercice

Durée _____

Intérêt des participants _____
_____
_____

Efficacité de l'exercice _____
_____
_____

Variantes personnelles

_____
_____
_____
_____
_____

Le dictaphone

OBJECTIF

- Distinguer expression écrite et expression orale.

MATÉRIEL

Un dictaphone ou un magnétophone.

DOCUMENTS

Une lettre à laquelle il faut répondre.

DÉROULEMENT

On demande à un participant A de s'absenter de la salle pendant qu'un autre, placé devant le dictaphone, ou à défaut le magnétophone, dicte une réponse à la lettre qu'il lui a été remise.

Quand il a terminé, A revient dans la salle et, tout en écoutant la bande, il transcrit la lettre en suivant les consignes entendues au dictaphone.

Dans la mesure du possible, l'animateur fait photocopier la lettre rédigée, puis un exemplaire est remis à celui qui a dicté et aux autres participants.

L'ensemble du groupe dégage :

a) les éléments absents qui auraient facilité le travail de rédaction et de mise en page ;

b) les termes ou tournures employés qui ne conviennent pas dans l'expression écrite.

COMMENTAIRES

Cet exercice permet d'attirer l'attention sur l'importance du ton comme moyen de nuancer son expression orale et sur la difficulté de transcrire à l'écrit ces nuances.

Adapter son expression

Observations personnelles

Remarques sur l'exercice

Durée _____

Intérêt des participants _____
_____
_____

Efficacité de l'exercice _____
_____
_____

Variantes personnelles

_____
_____
_____
_____
_____

Rédaction d'un questionnaire

OBJECTIF
* Prise de conscience de l'importance de la formulation.

MATÉRIEL
Néant

DOCUMENT
Néant

DÉROULEMENT
Les participants ou l'animateur choisissent le sujet qui sera l'objet d'un questionnaire d'enquête (ex. sur un produit, sur une grande question... [loisirs]).

1re phase
Les participants en vrac proposent un certain nombre de points susceptibles de donner lieu à des questions. On recense ces propositions sur un tableau.

2e phase
Les propositions sont regroupées selon des critères d'opportunité de réponse aux objectifs poursuivis par l'enquête. Un choix est opéré.

3e phase
À partir des points d'investigation retenus, les participants rédigeront individuellement ou en sous-groupe les questions définitives.

COMMENTAIRES
Cet exercice permet de travailler sur le passage de « ce que l'on veut dire » à « comment le dire ? ».
Il oblige les participants à écrire en tenant compte d'un certain nombre de principes :
- s'exprimer clairement,
- ne pas induire de réponse,
- ne pas heurter la personne interrogée,
- envisager les réponses possibles...

Si le formateur le juge utile, il peut faire précéder cet exercice d'une explication sur les questions :

▶ fermées
▶ à choix multiples
▶ ouvertes

Cependant, par cet exercice, nous ne nous proposons pas de former des techniciens de l'enquête, mais de faire un certain apprentissage de l'expression écrite.

Observations personnelles

Remarques sur l'exercice

Durée _____

Intérêt des participants _____
_____
_____

Efficacité de l'exercice _____
_____
_____

Variantes personnelles

_____
_____
_____
_____
_____

Entretien et formulation des questions

OBJECTIFS

* Prendre conscience du rôle de la formulation des questions.
* Développer la qualité de l'écoute.
* Développer l'esprit de synthèse.
* Distinguer faits et opinions.

MATÉRIEL

Éventuellement un magnétoscope.

DOCUMENT

Néant

DÉROULEMENT

Le formateur choisit quatre participants A, B, C, D, et demande à A de s'entretenir devant le groupe avec B et C sur un sujet précis : (la mode actuelle par ex.).

D, sans rien dire, observera la scène et, l'entretien fini, il fera part de ses remarques au groupe qui, éventuellement, les complétera.

Consignes : Le formateur impose des contraintes : A devra dans un premier temps (environ 3 mn) poser seulement des **questions fermées**, qui ne permettent que les réponses oui-non.

A pourra ensuite poser des **questions ouvertes**.

Avant de terminer, A présentera une synthèse des positions respectives de B et de C sur le sujet.

COMMENTAIRES

Il est intéressant d'attirer l'attention du groupe sur le déroulement de l'entretien, sur l'attitude et le langage de l'interviewer A.

> A a-t-il « bombardé » de questions B et C ?
> Dans quel ordre a-t-il essayé de connaître l'opinion de B et de C ?
> A-t-il tiré profit des réponses de B et C pour faire avancer l'interview ?
> A-t-il émis son avis sur le sujet ?

Cet exercice permet surtout de dégager l'influence, sur les réponses, du choix et de la formulation des questions, et de sensibiliser les participants sur le phénomène de l'induction* dans la communication. En effet, la tournure même des questions peut orienter, consciemment ou non, les propos de l'interviewé.

VARIANTE

Le formateur peut imposer un autre genre de contraintes : A doit d'abord s'appuyer sur les **faits** et, ensuite seulement, centrer les questions sur les **opinions**.

Observations personnelles

Remarques sur l'exercice

Durée _____

Intérêt des participants _____
_____
_____

Efficacité de l'exercice _____
_____
_____

Variantes personnelles

_____
_____
_____
_____
_____

Adapter son expression

Texte publicitaire
à partir d'une fiche technique

OBJECTIF
- Adapter un message à un public que l'on veut convaincre.

MATÉRIEL
Néant

DOCUMENTS
Fiches techniques sur un produit (par ex. : une voiture, un produit de beauté, un produit alimentaire).

DÉROULEMENT
On sépare le groupe en deux sous-groupes A et B. On remet à chaque participant une fiche comportant des informations sur un produit (ex. Notice descriptive qui accompagne le certificat de conformité de tout véhicule automobile).
A et B travailleront sur des produits différents.

1re phase
Parmi les cibles possibles pour le produit concerné, A et B définissent une cible déterminée (catégorie socioprofessionnelle, classe d'âge, lieu d'habitation...).
Les indications sont notées clairement sur des fiches (A' pour A et B' pour B).

2e phase
A et B échangent leurs fiches techniques et les fiches A' et B'.
Les participants de A définissent les motivations* publicitaires à partir de B' autour desquels ils vont construire leur message (texte et si possible graphisme). Ce message est destiné à susciter un comportement d'achat chez la cible définie par B.
B en fait de même à partir de A'.

3e phase
A et B échangent leurs « messages » et dégagent, à partir du message proposé, les motivations* et freins* à partir desquels le texte a été élaboré.

Adapter son expression

4ᵉ phase
Chaque sous-groupe confronte les objectifs qu'il s'était fixés et la perception de ces objectifs par l'autre sous-groupe.

COMMENTAIRES

Ce travail gagne à être précédé d'une analyse de messages publicitaires. Un des intérêts de cet exercice est de permettre une vérification objective de la qualité de l'expression.

En effet, si le sous-groupe A découvre à la lecture du message publicitaire de B, les motivations* et résistances à l'achat dégagées par B, cela constitue en partie la preuve de la fidélité du message aux intentions d'expression.

Observations personnelles

Remarques sur l'exercice

Durée _____

Intérêt des participants _____
_____
_____

Efficacité de l'exercice _____
_____
_____

Variantes personnelles

_____
_____
_____
_____
_____

Lettres et expression nuancée

OBJECTIFS
* Développer le sens des nuances.
* Apprendre à atténuer sa pensée.

MATÉRIEL
Néant

DOCUMENT
Éventuellement des « cas » donnant lieu à la rédaction de lettres.

DÉROULEMENT
Le formateur propose aux participants de rédiger une (ou des) lettres à partir de situations qui nécessitent de nuancer son expression.

Il s'agit de rédiger, à partir du même cas, un certain nombre de lettres dont le ton variera selon la nature des relations entre l'expéditeur et le destinataire.

Ex. M. X... de la Banque Y... doit écrire à une entreprise, qui a un découvert important, pour lui demander de créditer son compte.

> Hypothèse 1 : l'entreprise est un gros client et ce découvert est accidentel.
> Hypothèse 2 : l'entreprise est un bon client, mais il y a récidive.
> Hypothèse 3 : la Banque Y... a à se plaindre de l'entreprise et n'en veut plus pour client.

Autre exemple :

Un responsable a eu, à plusieurs reprises, à se plaindre d'un collaborateur. Il lui écrit à quelques mois d'intervalle trois lettres où il fait part de son mécontentement qui va grandissant.

On peut proposer une situation qui exige d'exprimer avec nuances et diplomatie une réalité très désagréable.

Ex. Un comité d'entreprise écrit à une agence de voyages qui lui avait consenti des prix très avantageux, pour se plaindre des conditions déplorables du voyage organisé. Les nuances de formes sont justifiées par le souhait de rester client de l'agence.

Les lettres étant rédigées, le formateur analyse avec les participants les moyens utilisés pour atténuer sa pensée.

Par ex. :
- ▷ adverbes, tournures impersonnelles, interrogatives,
- ▷ conditionnel,
- ▷ euphémismes,
- ▷ litotes...

COMMENTAIRES

Dans cet exercice on se trouve souvent confronté à un débat sur le bien-fondé de cette façon de s'exprimer (hypocrisie ou volonté de ne pas froisser l'autre ?).

Il est possible d'utiliser les mêmes situations dans le cadre d'entretiens.

Observations personnelles

Remarques sur l'exercice

Durée _____

Intérêt des participants _____
_____
_____

Efficacité de l'exercice _____
_____
_____

Variantes personnelles

_____
_____
_____
_____
_____

Rédaction d'une note

OBJECTIFS

- Nuancer son texte.
- Adapter son texte à des publics différents.
- Adapter son texte à des moyens différents de diffusion.
- Distinguer « informer » d'« informer et convaincre ».

MATÉRIEL

Néant

DOCUMENT

Néant

DÉROULEMENT

On demande aux participants d'imaginer une situation ou un événement justifiant la diffusion d'une information dans une entreprise :

- Ouverture d'une session de formation aux multimedia.
- Possibilité de passer d'un plein temps à un temps partiel...
- Organisation liée au passage aux 35 heures.

Il s'agit de rédiger 3 textes :

- une note d'information destinée à être affichée,
- une note à distribuer aux responsables,
- une note à diffuser dans le journal d'entreprise.

VARIANTE

Au lieu d'être strictement informative, la note peut viser à convaincre ou à engager à l'action.

Une fois les textes rédigés, les participants les lisent à haute voix. Des commentaires sont faits au fur et à mesure portant sur la clarté de l'expression et l'adaptation du texte au(x) destinataire(s).

L'animateur fait ensuite la synthèse de toutes les remarques et les complète au besoin.

Adapter son expression

COMMENTAIRES

Cet exercice permet à la fois de faire l'apprentissage de l'écrit professionnel classique qu'est la « note de service » et de travailler sur les nuances de l'expression.

Observations personnelles

Remarques sur l'exercice

Durée _____

Intérêt des participants _____
_____
_____

Efficacité de l'exercice _____
_____
_____

Variantes personnelles

_____
_____
_____
_____
_____

Chapitre 5

EXPLIQUER

Donner des explications est chose fréquente, mais pas aisée pour autant, à en juger par nos expériences.

Expliquer c'est représenter à l'esprit de quelqu'un, quelque chose qu'il ne connaît pas.

Entraîner à expliquer est, à notre avis, la première application opérationnelle des aptitudes que nous avons évoquées dans notre introduction.

Cet entraînement commence par une prise de conscience de l'écart entre : connaître une « chose » et savoir l'expliquer.

La difficulté provient du fait qu'expliquer nécessite une réorganisation particulière de la connaissance. La personne qui explique le fait le plus souvent, en fonction d'elle, de sa logique, de son système de référence, de son vocabulaire, de son « concret ». (De ce fait la notion de concret est finalement quelque chose de très relatif.)

Or, expliquer nécessite de se « décentrer ». Dans le « trio » : émetteur-récepteur-message, l'émetteur n'est qu'un « moyen » à la disposition du récepteur pour lui faciliter l'accès au message. L'efficacité de l'explication réside dans la discrétion psychologique de l'émetteur. Nous constatons à nouveau le rôle déterminant de la qualité relationnelle dans l'expression.

L'application concrète du principe évoqué débouche sur un

entraînement à l'usage des principales règles de cette forme d'expression :

- partir du connu du récepteur pour aller à l'inconnu et, pour ce faire, recourir aux images, aux analogies ;
- dégager l'essentiel à dire en fonction de l'objectif de l'intervention et des personnes concernées ;
- utiliser un langage simple et concis.

Mais expliquer ce n'est pas seulement donner à son intervention une certaine rigueur, une qualité technique. Expliquer c'est aussi « faciliter l'écoute » et « motiver à l'écoute ».

La plupart des exercices d'expression de ce livre sont aussi des exercices « d'écoute ». Il nous semble, en effet, indispensable de saisir toutes les occasions pour entraîner à ce « mécanisme », au moins aussi difficile, et en tout cas très complémentaire de l'expression.

Inversement expliquer avec efficacité, c'est se soucier de faciliter l'écoute de l'auditeur. C'est-à-dire d'inclure dans le déroulement logique de l'expression des interventions destinées à cela (comme : des redondances, des réitérations, des synthèses partielles, etc.).

La qualité logique d'une explication, les interventions pour faciliter l'écoute n'ont d'intérêt que si l'auditeur est attentif. S'exprimer et plus particulièrement expliquer, c'est aussi se préoccuper de « motiver à l'écoute ». Et ce n'est pas seulement capter l'attention par des procédés oratoires en début d'intervention, c'est surtout entretenir et maintenir cette attention. Bien sûr, là aussi, des interventions spécifiques peuvent être faites à cet effet.

Mais au-delà de ces artifices, nous sommes convaincus que l'authenticité de la « présence affective » de la personne qui s'exprime est la condition nécessaire à un climat d'écoute.

Nous touchons ici la difficulté majeure des formations à l'expression : faire acquérir des techniques qui soient au service de la spontanéité et de l'authenticité de celui qui parle.

La planche

Objectifs

- Développer la qualité de la précision dans la description.
- Développer l'esprit d'analyse et la rigueur.

Matériel

Magnétophone éventuellement.

Documents

1 planche avec 12 images,
12 cartes qui représentent les mêmes images.

Déroulement

- L'émetteur détient les 12 cartes, le récepteur a la planche correspondante. L'émetteur décrit une carte (la première du paquet sans avoir pris connaissance des autres) et lorsque le récepteur pense avoir trouvé sur la planche la même image, il demande la carte à l'émetteur et le pose à l'envers sur la figure choisie. Ainsi de suite jusqu'à la douzième.
- En retournant les cartes, les joueurs constatent les erreurs éventuelles et recherchent les imprécisions de langage qui les expliquent. Comme les images se ressemblent, il est nécessaire d'être très précis dans la description.
- L'exploitation peut être facilitée en utilisant un magnétophone ou en plaçant un participant en observateur.

Commentaires

- Cet exercice assez facile nécessite toutefois une maîtrise de la latéralité (haut, bas, gauche, droite). Il nous a semblé utile de pratiquer ce type d'exercice, car nous avons constaté avec l'expérience un lien entre des difficultés de latéralité et des difficultés de raisonnement.

Expliquer

Observations personnelles

Remarques sur l'exercice

Durée _____

Intérêt des participants _____
_____
_____

Efficacité de l'exercice _____
_____
_____

Variantes personnelles

_____
_____
_____
_____
_____

La photo en sous-groupes

OBJECTIFS

* Prendre conscience du rôle de la subjectivité dans la perception et du rôle des stéréotypes dans la perception.
* Développer l'esprit d'analyse.

MATÉRIEL

Néant

DOCUMENTS

Plusieurs exemplaires de deux photos différentes.

DÉROULEMENT

* On sépare le groupe en 2 sous-groupes, A et B. On remet la même photo aux membres du même sous-groupe.
* On leur demande de décrire individuellement par écrit cette photo.
* Le formateur rassemble les descriptions de chacun des sous-groupes et remet au sous-groupe A les écrits du sous-groupe B et vice-versa. Chaque sous-groupe, en travail collectif, élabore une description-synthèse.
* Puis on communique aux participants la photo qu'ils n'ont pas vue. Ils essaient de dégager les facteurs qui les ont induits en erreur.

COMMENTAIRES

* Il y a 2 sources de déformation :
  * la perception sélective de chaque participant,
  * l'interprétation des textes au niveau du sous-groupe.

Expliquer

Observations personnelles

Remarques sur l'exercice

Durée _____

Intérêt des participants _____

_____

_____

Efficacité de l'exercice _____

_____

_____

Variantes personnelles

_____

_____

_____

_____

_____

Le puzzle avec magnétoscope

OBJECTIFS

- Développer les qualités d'organisation d'une information.
- Développer la précision et la clarté de l'expression.

MATÉRIEL

Un magnétoscope.
2 salles.

DOCUMENTS

Plusieurs exemplaires d'un même puzzle.

DÉROULEMENT

- Dans une salle, un participant (l'émetteur) a sous les yeux un puzzle reconstitué. Dans l'autre salle, quatre ou cinq personnes (les récepteurs) détiennent chacune des pièces éparses du même puzzle. Les autres participants se répartiront les tâches d'observation de l'émetteur et des récepteurs.
- L'émetteur, par l'intermédiaire du micro du magnétoscope, communique aux récepteurs les informations qu'il juge nécessaires à la reconstitution du puzzle. Les récepteurs n'ont pas le droit de communiquer entre eux.
- Pendant l'exercice, on filme le travail des récepteurs et on enregistre les consignes de l'émetteur.

COMMENTAIRES

- L'intérêt de cet exercice pour lequel le magnétoscope est indispensable est de montrer l'effet concret des paroles.
- Par la superposition du son (les consignes de l'émetteur) et de l'image (le travail des récepteurs) l'enregistrement permet d'analyser l'adéquation ou la distorsion entre l'explication et la réalisation.
- L'existence de plusieurs récepteurs fait perdre une certaine rigueur d'analyse par la dispersion des observations. Par contre, cela permet de montrer qu'une même explication peut être comprise différemment par plusieurs personnes.
- La prise de conscience de la difficulté d'expliquer quelque chose est souvent très vive à partir de cet exercice. Cette prise de conscience

Expliquer

peut avoir un goût d'échec et il nous paraît souhaitable de travailler ensuite sur un exercice d'élaboration collective. (À partir d'une figure géométrique dessinée au tableau, le groupe construit une explication.)

Observations personnelles

Remarques sur l'exercice

Durée _____

Intérêt des participants _____

_____

_____

Efficacité de l'exercice _____

_____

_____

Variantes personnelles

_____

_____

_____

_____

_____

La figure géométrique

OBJECTIFS

- S'entraîner à expliquer.
- Développer l'esprit d'analyse et la rigueur de la pensée.

MATÉRIEL

Néant

DOCUMENT

Néant

DÉROULEMENT

Le formateur dessine au tableau un ensemble de figures géométriques et demande à chaque participant de rédiger l'explication qu'il donnerait pour qu'une personne n'ayant pas vu le dessin puisse le reproduire.

Lorsque tout le monde a terminé, le groupe analyse chaque explication et dégage quelques conseils pratiques.

COMMENTAIRES

Cette exploitation collective de l'exercice classique de Laevitt *(voir fiche 63)* permet de dépasser le stade de la sensibilisation pour passer à l'élaboration de règles pratiques d'expression.

Expliquer

Observations personnelles

Remarques sur l'exercice

Durée _____

Intérêt des participants _____
_____
_____

Efficacité de l'exercice _____
_____
_____

Variantes personnelles
_____
_____
_____
_____
_____

Variante en trio de l'exercice de Leavitt[1]

Expliquer

OBJECTIFS
- Développer les qualités d'organisation efficace de l'information.
- Développer la précision de l'expression.

MATÉRIEL
Néant

DOCUMENT
Plusieurs figures géométriques.

DÉROULEMENT
- On divise le groupe en trio, avec dans chaque trio : un émetteur, un récepteur, un observateur.
  Émetteur et récepteur sont dos à dos, l'observateur est de côté.
- L'émetteur fait reproduire le schéma géométrique (que lui a donné l'animateur) au récepteur qui ne le regarde pas et qui ne peut pas lui parler. L'observateur enregistre ce qui est dit par l'émetteur et parallèlement, ce qui est réalisé par le récepteur.
- Lorsque l'émetteur a terminé, les membres du trio font le point, et quand tous les trios ont terminé, l'animateur fait une mise en commun pour dégager les remarques dominantes.
- Il est possible bien sûr, avant ou après la mise en commun, de faire changer les rôles.

COMMENTAIRES
- Cette variante de l'exercice de Leavitt permet à tout le groupe d'être actif et par une organisation en trio de favoriser une exploitation plus en profondeur.
- À l'expérience, cette façon de procéder nous paraît plus dynamique que l'exercice classique de Leavitt qui, de plus, présente l'inconvénient maintenant d'être trop connu.

---

1. Voir description détaillée de l'exercice de Leavitt dans *Communications et réseaux de communications* de Mucchielli, p. 25.

Expliquer

Observations personnelles

Remarques sur l'exercice

Durée _____

Intérêt des participants _____

_____

_____

Efficacité de l'exercice _____

_____

_____

Variantes personnelles

_____

_____

_____

_____

_____

Le pliage

Expliquer

OBJECTIFS

* Apprendre à faire une description.
* Développer la précision de l'explication et l'esprit d'analyse.
* Apprendre à transmettre des consignes d'action.

MATÉRIEL

Néant

DOCUMENT

Néant

DÉROULEMENT

L'un des participants fait un pliage (bateau, chapeau, ou cocotte en papier) sans que les autres puissent voir comment il procède.

On donne aux autres participants le matériel nécessaire (feuilles de papier). Celui qui a fait le pliage est isolé dans la salle et, sans voir les autres participants, il doit, par des consignes orales, les amener à exécuter le même pliage. La communication est strictement verbale, ni gestuelle, ni graphique.

Les autres participants peuvent recevoir de la part de l'animateur deux types de consignes :

▶ soit ils doivent se taire : dans ce cas l'orateur arrête l'exercice quand il a le sentiment d'avoir communiqué les directives nécessaires ;

▶ soit ils peuvent communiquer avec l'orateur et l'exercice est terminé quand ils ont tous exécuté le pliage.

COMMENTAIRES

Dans les deux cas, il convient d'analyser la précision de l'information, le choix du langage adopté (par ex. géométrique).

Dans le cas n° 1 : l'aboutissement de la transmission du message est concrétisé par les résultats obtenus dans le groupe.

Dans le cas n° 2 : la durée de l'exercice est un indice d'efficacité (clarté des informations, pertinence des questions).

Expliquer

Observations personnelles

Remarques sur l'exercice

Durée _____

Intérêt des participants _____
_____
_____

Efficacité de l'exercice _____
_____
_____

Variantes personnelles

_____
_____
_____
_____
_____

Mode d'emploi
recettes – règles d'un jeu

OBJECTIFS
- Développer la clarté et la précision de l'expression.
- Développer l'adaptation à l'auditoire.
- Développer l'esprit d'analyse et la rigueur de la pensée.

MATÉRIEL
Néant

DOCUMENT
Néant

DÉROULEMENT
- Chaque participant doit expliquer, par écrit ou par oral :
  - ou les règles d'un jeu, ou d'un sport,
  - ou une technique particulière,
  - ou une loi scientifique,
  - ou une recette,
  - ou un mode d'emploi,
  - etc.

COMMENTAIRES
- Dans le cas d'un exercice écrit, le formateur rassemble les différents textes et les distribue dans le groupe en attribuant, dans la mesure du possible, chaque fiche à un participant non compétent sur le sujet. Chacun est invité à formuler des remarques sur la clarté de l'explication.
- Dans le cas de l'exercice oral, on demandera à un participant non compétent de résumer ce qu'il a compris de l'explication.
- Cet exercice met en évidence l'écart qui existe entre bien connaître une chose et l'expliquer clairement.

VARIANTE
- Faire le même exercice, en demandant à l'orateur de faire deux exposés sur le même thème, l'un pour un groupe d'adultes, l'autre pour un groupe d'enfants.

Expliquer

Observations personnelles

Remarques sur l'exercice

Durée _____

Intérêt des participants _____
_____
_____

Efficacité de l'exercice _____
_____
_____

Variantes personnelles

_____
_____
_____
_____
_____

Raconter un film policier

OBJECTIFS

* Développer la rigueur de la pensée, la fluidité verbale.
* Rechercher la précision.

MATÉRIEL

Néant

DOCUMENT

Néant

DÉROULEMENT

1re phase

Le formateur demande à un participant de raconter au groupe un film policier.

Pendant le récit, aucune question ne doit être posée.

2e phase

À la fin de la narration, les participants, surtout ceux qui n'ont pas vu le film, peuvent demander toutes les explications voulues. On inscrit au tableau les questions posées.

3e phase

Par l'analyse des questions posées, le narrateur recherche les points faibles de son récit.

COMMENTAIRES

Certains « Maigret » sont excellents pour ce genre d'exercice.

On peut, dès le départ, demander aussi au participant de faire revivre la « tension », le « suspense ». L'accent est mis alors moins sur les éléments référentiels du récit (circonstances, faits, indices, victimes, suspects, assassin...) que sur la mise en forme du récit et son mode de présentation.

Expliquer

Observations personnelles

Remarques sur l'exercice

Durée _____

Intérêt des participants _____

_____

_____

Efficacité de l'exercice _____

_____

_____

Variantes personnelles

_____

_____

_____

_____

_____

Variante non géométrique de l'exercice de Leavitt

OBJECTIFS

- Prendre conscience des différents niveaux de langages.
- Développer la précision de l'expression.
- Découvrir la méthode de l'analogie pour parvenir à la clarté.

MATÉRIEL

Magnétoscope ou magnétophone.

DOCUMENTS

Un dessin formé de figures géométriques variées (deux droites parallèles, carré, rectangle, ellipse, angle aigu, etc.) et d'une figure stylisée pouvant suggérer, par exemple, ou un bassin, ou un haricot, ou une poule.

DÉROULEMENT

- Un des participants détient le dessin. Il est situé d'une manière telle qu'il ne voit pas les autres participants.
- Sa tâche est de leur faire reproduire individuellement le dessin, par les informations qu'il leur donne.
- Les récepteurs n'ont pas le droit de poser de questions.
- L'exercice s'arrête quand l'émetteur juge qu'il n'a plus d'indication à donner.
- Il est nécessaire que des observateurs prennent des notes.
- Lorsque les participants ont terminé, on leur montre le dessin original et on analyse les raisons des erreurs en reprenant les notes des observateurs.

COMMENTAIRES

- C'est la figure non géométrique qui fait tout l'intérêt de cette variante des rectangles de Leavitt.
- Celui qui a la parole doit non seulement être très précis, mais encore recourir à l'analogie, pour donner aux autres une idée de la figure non géométrique qu'il va leur faire exécuter.
- Il aide des auditeurs en établissant une comparaison entre ce dessin qu'ils ne voient pas et un objet qui leur est familier. Ils appréhendent ainsi l'inconnu à travers le connu.

Expliquer

Observations personnelles

Remarques sur l'exercice

Durée _____

Intérêt des participants _____
_____
_____

Efficacité de l'exercice _____
_____
_____

Variantes personnelles

_____
_____
_____
_____
_____

Explication d'une technique complexe

OBJECTIF

* Adapter son langage à son auditoire.

MATÉRIEL

Néant

DOCUMENT

Néant

DÉROULEMENT

* On demande à un participant d'expliquer clairement :
  * une technique relative à une spécialité,
  * le fonctionnement d'une machine
    devant un groupe avisé être non initié.
* Les réactions du groupe permettront de savoir si l'explication a été claire et si les analogies et les exemples choisis ont facilité la compréhension.

COMMENTAIRES

* Le formateur doit veiller à ce que chaque participant choisisse bien une technique complexe.
* L'exploitation de cet exercice est la même que celle de l'exercice n° 64.

Expliquer

Observations personnelles

Remarques sur l'exercice

Durée _____

Intérêt des participants _____
_____
_____

Efficacité de l'exercice _____
_____
_____

Variantes personnelles

_____
_____
_____
_____
_____

Décrire le fonctionnement d'une administration

OBJECTIF

* Développer l'esprit d'analyse.
* S'entraîner à expliquer.

MATÉRIEL

Néant

DOCUMENTS

Des dossiers de la « Documentation française » sur les différents services administratifs.

DÉROULEMENT

Les participants sont répartis en deux sous-groupes A et B.
L'animateur remet à tous les mêmes documents et demande :

> à A d'élaborer une description statique,
> à B d'élaborer une description dynamique,

de l'administration ; c'est-à-dire que :

> A est invité à définir les différents services qui la composent,
> B est invité à décrire comment fonctionnent ces services, c'est-à-dire les liens qui unissent ces services entre eux.

COMMENTAIRES

Cet exercice peut se faire également à partir de l'institution à laquelle appartiennent les participants.

Expliquer

Observations personnelles

Remarques sur l'exercice

Durée _____

Intérêt des participants _____
_____
_____

Efficacité de l'exercice _____
_____
_____

Variantes personnelles

_____
_____
_____
_____
_____

Commentaire d'un tableau chiffré

OBJECTIFS
- Développer la fluidité verbale et mentale.
- Passer d'un langage à un autre.

MATÉRIEL
Néant

DOCUMENTS
Un tableau donnant des informations chiffrées.

DÉROULEMENT
Il y a deux possibilités de pratiquer cet exercice :
- ou bien le formateur donne à un participant un tableau chiffré et lui demande d'en faire un commentaire agréable et vivant,
- ou bien il remet à tous les participants le même document et les invite à en faire un commentaire écrit.

COMMENTAIRES
L'exercice oblige à la fois à traduire des chiffres par des mots et à trouver des commentaires qui puissent faire comprendre le sens et la portée de ces chiffres.
L'exercice peut même déboucher sur une étude comparative des chiffres.

Expliquer

Observations personnelles

Remarques sur l'exercice

Durée _____

Intérêt des participants _____
_____
_____

Efficacité de l'exercice _____
_____
_____

Variantes personnelles

_____
_____
_____
_____
_____

Raconter un film comique

OBJECTIFS

Traduire par le langage verbal une communication exprimée en un autre langage.

MATÉRIEL

Néant

DOCUMENT

Néant

DÉROULEMENT

Un participant raconte au groupe un film comique, avec pour consigne de faire rire le groupe.

À la fin du récit, ceux qui ont vu le film et ceux qui ne l'ont pas vu analysent les éléments de la narration qui les ont fait rire ou sourire.

COMMENTAIRES

Il est préférable de choisir des films dont le comique est lié non aux « mimiques » de tel acteur, mais à des **situations** comiques.

Expliquer

Observations personnelles

Remarques sur l'exercice

Durée _____

Intérêt des participants _____
_____
_____

Efficacité de l'exercice _____
_____
_____

Variantes personnelles

_____
_____
_____
_____
_____

Chapitre 6

ARGUMENTER[1]

Les principes que nous avons évoqués dans le chapitre précédent s'appliquent également à l'argumentation. Nous pensons même que le paradoxe dont nous parlions, des techniques au service de la spontanéité, trouve encore plus sa raison d'être ici.

S'entraîner à argumenter ce n'est pas acquérir un instrument miracle permettant de convaincre toutes personnes de toutes choses.

S'entraîner à argumenter, c'est :

- apprendre à contrôler une situation particulière d'expression, souvent ressentie comme difficile,
- utiliser la fluidité mentale dans un contexte où « mobiliser » au bon moment ses idées est nécessaire,
- varier les manières d'argumenter en jouant sur la nature des arguments, le plan de l'argumentation, la réfutation préalable.
- Mais s'entraîner à argumenter, c'est aussi prendre conscience de l'intérêt du dialogue dans le conflit d'opinions sans qu'il soit ressenti comme un conflit de personnes.

---

1. Cf. *Savoir argumenter* de Renée et Jean Simonet (Éditions d'Organisation), et *Soyez persuasif* de Guy Desaunay (Éditions d'Organisation).

Réunion - Discussion

OBJECTIFS

- Apprendre à observer et à analyser une situation.
- Apprendre à écouter les arguments d'autrui.

MATÉRIEL

Un magnétoscope.

DOCUMENT

Néant

DÉROULEMENT

Les participants choisissent eux-mêmes :
- leur animateur
- leur sujet (thème polémique)

Ex. – travail à temps partiel
  – liberté d'expression sur Internet
  – libéralisation des drogues douces.

Pendant le débat enregistré au magnétoscope, le formateur reste observateur et note scrupuleusement tous les moments qui mériteront d'être revécus par le groupe en fonction de l'analyse qu'il compte en faire.

Durée du débat : 30 à 45 minutes, selon le groupe.

À la fin du débat, le formateur demande à tous les participants de répondre **par écrit** à un certain nombre de questions :
- décrire le déroulement logique du débat,
- regrouper tous les arguments « pour »,
- regrouper tous les arguments « contre »,
- apprécier la position de chacun sur le problème,
- indiquer en face du nom de chaque participant : « pour » ou « contre » ou « ? ».

Ensuite les réponses collectées sont inscrites au tableau puis commentées par le formateur et par le groupe.

Enfin, on revisionne le débat en s'arrêtant sur les points intéressants.

COMMENTAIRES

Le formateur doit relever avec précision les passages qui, seuls, ont intérêt à être revus afin de ne pas lasser l'auditoire.

Argumenter

Lors de la comparaison des réponses, il est bon de souligner l'influence des valeurs et des intérêts personnels sur la perception des opinions d'autrui.

Ce genre d'exercice, bien connu dans les formations à l'animation d'un groupe, est pratiqué ici pour mettre tout le groupe en situation d'expression et d'observation.

Il est parfois plus facile de provoquer ce genre de discussion à partir d'un cas écrit.

Observations personnelles

Remarques sur l'exercice

Durée _____

Intérêt des participants _____

_____

_____

Efficacité de l'exercice _____

_____

_____

Variantes personnelles

_____

_____

_____

_____

_____

Débat contradictoire
entre deux sous-groupes

Argumenter

OBJECTIFS

- Développer la technique d'argumentation, que l'on adhère ou non à la thèse soutenue.
- Développer la clarté de l'expression.

MATÉRIEL

Néant

DOCUMENT

Néant

DÉROULEMENT

- On désigne 2 observateurs et on sépare le reste du groupe en deux sous-groupes.
- Ces deux sous-groupes auront à défendre des thèses opposées à propos d'un thème choisi préalablement.
- Répartition dans les sous-groupes : il y a 2 variantes :
  1 ▸ ou les participants optent pour le sous-groupe qui correspond à leur propre opinion,
  2 ▸ ou le formateur les sépare arbitrairement et leur attribue une opinion ou l'autre.

COMMENTAIRES

- À la fin du débat, on demande aux participants de chaque sous-groupe d'expliciter les difficultés qu'ils ont rencontrées dans la participation au débat.
- Puis, les observateurs rendent compte de leurs réactions :
  ▸ débat soutenu ou non,
  ▸ efficacité des arguments,
  ▸ attitude d'écoute ou non...
- Le formateur peut faire la synthèse selon les orientations suivantes :

Argumenter

Sur le plan

1 ▷ **de l'expression :**
- facilité ou non d'élocution,
- clarté dans les propos tenus.

2 ▷ **de l'argumentation :**
Les sous-groupes argumentent-ils en restant sur le même aspect de la discussion dans le jeu Argument/Réfutation/Contre-réfutation* ou bien changent-ils d'aspect pour se répondre (cf. le commentaire de la fiche 9).

3 ▷ **de la communication :**
- Problème de la subjectivité :
  – Si les participants adhèrent à la thèse qu'ils défendent, leur volonté de convaincre peut aboutir à une non-écoute des arguments de l'autre. Y a-t-il **dialogue ou juxtaposition de monologues** ?
  – Si les participants défendent une thèse à laquelle ils n'adhèrent pas, peuvent-ils faire abstraction de leur subjectivité et développer une argumentation soutenue ?

Observations personnelles

Remarques sur l'exercice

Durée _____

Intérêt des participants _____
_____
_____

Efficacité de l'exercice _____
_____
_____

Variantes personnelles
_____
_____
_____
_____
_____

Un contre un

OBJECTIFS

- Développer l'écoute.
- Développer la technique de l'argumentation.

MATÉRIEL

Néant

DOCUMENT

Néant

DÉROULEMENT

- Le groupe choisit un thème.
- Deux participants ayant des positions contraires sur ce thème s'affrontent devant le groupe. Les autres noteront les arguments de l'un et l'autre.
- Au cours du débat, les participants reformulent les arguments de leur « adversaire » avant de lui répondre.
- À la fin du débat, chacun des 2 participants résume les arguments de son « adversaire ».
- Les observateurs analysent la fidélité des résumés.

COMMENTAIRES

- Cet exercice est très efficace pour développer l'écoute. Mais il est souvent nécessaire de rappeler la consigne de reformulation*.
- De plus la contrainte de la reformulation oblige à répondre sur le même point que « l'adversaire » : ou à faire un effort de transition pour passer à un autre point.

REMARQUE

- Exercice utile pour l'apprentissage de la discussion en groupe.

Argumenter

Observations personnelles

Remarques sur l'exercice

Durée _____

Intérêt des participants _____
_____
_____

Efficacité de l'exercice _____
_____
_____

Variantes personnelles

_____
_____
_____
_____
_____

Un contre tous

OBJECTIF
○ Développer les qualités d'argumentation.

MATÉRIEL
Néant

DOCUMENT
Néant

DÉROULEMENT
○ Un participant a préparé l'argumentation d'une opinion.
○ Tandis qu'il l'expose, l'ensemble du groupe l'interrompt et contre-argumente sans relâche. Sans abandonner le déroulement logique de son exposé, l'orateur répond aux objections.
○ Le formateur veillera à ce que les interventions du groupe soient brèves mais fréquentes.

COMMENTAIRES
○ Bien qu'apparemment difficile, l'exercice est très bien réalisé par les participants. Au lieu de gêner, les objections très souvent stimulent.

Argumenter

Observations personnelles

Remarques sur l'exercice

Durée _____

Intérêt des participants _____
_____
_____

Efficacité de l'exercice _____
_____
_____

Variantes personnelles

_____
_____
_____
_____
_____

Un contre un, puis contre tous

OBJECTIFS

- Développer l'écoute.
- Développer la technique de l'argumentation.

MATÉRIEL

Néant

DOCUMENT

Néant

DÉROULEMENT

- Dans un premier temps, à partir d'un thème choisi, le débat se déroule comme dans l'exercice « 1 contre 1 ».
- Après ce débat, les autres participants, observateurs jusque-là, réfutent les 2 positions avec de nouveaux arguments.
- Les orateurs doivent répondre à ces arguments.

COMMENTAIRES

L'exercice « 1 CONTRE 1 »

- Cette variante motive plus les observateurs à prendre des notes.
- Il faut demander aux observateurs de réfuter le plus brièvement possible ; cette partie de l'exercice doit être dynamique.
- Cette variante a pour but de dérouter les deux protagonistes qui se sont habitués dans la première partie de l'exercice à un rythme plus lent de débat de part la contrainte de la reformulation*.

Observations personnelles

Remarques sur l'exercice

Durée _____

Intérêt des participants _____
_____
_____

Efficacité de l'exercice _____
_____
_____

Variantes personnelles

_____
_____
_____
_____
_____

Je suis pour ou contre... voilà pourquoi

Argumenter

OBJECTIFS

- Développer les qualités de l'argumentation.
- « Suivre le fil de ses idées ».

MATÉRIEL

Néant

DOCUMENT

Néant

DÉROULEMENT

- Les participants sont invités à défendre une position tranchée selon le plan suivant :
  - indication du thème,
  - justification de son importance et son intérêt,
  - position de l'orateur sur ce thème,
  - nombre d'arguments qui seront développés,
  - développement de chaque argument.
- Chaque participant dispose d'un temps de préparation.

COMMENTAIRES

- Cet exercice oblige chacun à suivre jusqu'au bout et fidèlement la « trajectoire » qu'il s'était tracée au départ.
- Bien que contraignant, cet exercice donne une technique simple d'intervention argumentaire.

Argumenter

Observations personnelles

Remarques sur l'exercice

Durée _____

Intérêt des participants _____
_____
_____

Efficacité de l'exercice _____
_____
_____

Variantes personnelles

_____
_____
_____
_____
_____

Improvisation du contraire

OBJECTIF

- Développer les techniques d'argumentation.

MATÉRIEL

Néant

DOCUMENT

Néant

DÉROULEMENT

- Les participants préparent une argumentation.
- Au moment où l'un d'entre eux va l'exposer, le formateur lui demande très brièvement de résumer le problème traité et la position prise. Lorsque ce résumé est terminé, le formateur l'invite à improviser la position contraire.
- Lors de l'analyse de l'exercice, on reprendra l'argumentation prévue pour voir s'il a su l'utiliser en contre-argumentation.

COMMENTAIRES

- Comme l'intérêt de cet exercice repose sur l'effet de surprise, le formateur devra le faire faire à chaque participant à des moments différents.
- Cet exercice est à mettre en relation avec la méthode des points de vue *(fiche 50)*.

Argumenter

Observations personnelles

Remarques sur l'exercice

Durée _____

Intérêt des participants _____
_____
_____

Efficacité de l'exercice _____
_____
_____

Variantes personnelles

_____
_____
_____
_____
_____

Une information : deux exploitations

OBJECTIFS

- Développer l'argumentation.
- Apprendre à utiliser des informations.

MATÉRIEL

Néant

DOCUMENTS

Un texte présentant, **en vrac**, des faits, des opinions, les avantages et les inconvénients d'un projet ou d'un produit, par exemple.

DÉROULEMENT

- On remet à deux membres du groupe, A et B, un document identique présentant les mêmes informations et on demande, par exemple :
  - à A de défendre un projet,
  - à B d'attaquer ce même projet.
- Quand A défendra devant le groupe son projet, B sera absent de la salle.
- Pendant les interventions de A et de B, les autres participants noteront comment chaque « avocat » utilise les mêmes données.

COMMENTAIRES

- En fournissant aux stagiaires de tels documents, on les invite moins à rechercher des idées qu'à soigner l'arrangement des idées. Cependant, ils peuvent toujours ajouter des idées ou des faits pour appuyer leur argumentation.
- Un exercice de ce type permet en outre de souligner la variété des plans possibles.

Argumenter

Observations personnelles

Remarques sur l'exercice

Durée _____

Intérêt des participants _____

_____

_____

Efficacité de l'exercice _____

_____

_____

Variantes personnelles

_____

_____

_____

_____

_____

Argument - Réfutation - Contre-réfutation

Argumenter

OBJECTIF

 • Développer l'argumentation et la clarté de l'expression.

MATÉRIEL

Néant

DOCUMENT

Néant

DÉROULEMENT

Remarque préalable :

Le formateur explique la différence entre arguments, réfutation et contre-réfutation*.

 • L'orateur fait un exposé où se succèdent arguments, réfutations et contre-réfutations*.

 • L'exposé peut s'organiser en 3 parties :

1 ► tous les arguments d'abord,

2 ► l'ensemble des réfutations ensuite,

3 ► l'ensemble des contre-réfutations enfin.

 • Il peut également se dérouler en présentant :

 ► le 1er argument, sa ou (ses) réfutation(s), et la contre-réfutation de cette réfutation ;

 ► le 2e argument et ainsi de suite.

COMMENTAIRES

 • Cet exercice nécessite une préparation de la part de l'orateur et un travail d'observation très rigoureux.

 • Pour faciliter la mise en commun de ces observations, il est préférable de demander aux observateurs de noter dans trois colonnes ce qu'ils ont relevé comme arguments, réfutations, contre-réfutations.

Argumenter

Observations personnelles

Remarques sur l'exercice

Durée _____

Intérêt des participants _____
_____
_____

Efficacité de l'exercice _____
_____
_____

Variantes personnelles

_____
_____
_____
_____
_____

Argumentation rationnelle et/ou émotionnelle

OBJECTIFS
- Développer les qualités d'argumentation.
- Maîtriser sa subjectivité.

MATÉRIEL
Néant

DOCUMENT
Néant

DÉROULEMENT
- Sur un thème donné ou préalablement choisi, plusieurs participants sont invités à faire une intervention développant des arguments d'ordre rationnel ou émotionnel. Les autres participants centrent leur observation sur le respect des consignes données.

COMMENTAIRES
- Cet exercice donne un moyen d'enrichir ses techniques d'argumentation et permet aux participants de prendre conscience de leurs tendances personnelles à argumenter sur l'un ou l'autre mode.

Argumenter

Observations personnelles

Remarques sur l'exercice

Durée _____

Intérêt des participants _____
_____
_____

Efficacité de l'exercice _____
_____
_____

Variantes personnelles

_____
_____
_____
_____
_____

Argumentation et méthode des critères[1]

OBJECTIF

* Justifier une position en se référant à la méthode des critères.

MATÉRIEL

Néant

DOCUMENT

Néant

DÉROULEMENT

Le formateur propose à plusieurs participants d'expliquer et de justifier l'achat :

- d'un vêtement,
- d'une voiture,
- d'un ordinateur, etc.

en utilisant la méthode des critères.

Le formateur indique au préalable, d'une manière précise, la marche à suivre :

1 ▸ relever les différents critères qui peuvent commander un tel achat ;

2 ▸ indiquer l'importance relative que l'intéressé accorde à chacun de ces critères ;

3 ▸ montrer comment un ou plusieurs critères ont défini la stratégie d'achat ou déterminé le choix.

Cet exercice exige un certain temps de préparation.

COMMENTAIRES

Cette méthode permet de trouver la meilleure solution à un problème. On peut justifier une ligne de conduite, un achat, mais on pourra aussi proposer un exercice plus difficile portant sur l'intérêt d'une décision.

---

1. Se reporter à la fiche 23 : *Aspects et critères.*

Argumenter

Observations personnelles

Remarques sur l'exercice

Durée _____

Intérêt des participants _____

_____

_____

Efficacité de l'exercice _____

_____

_____

Variantes personnelles

_____

_____

_____

_____

_____

« Le fou »

OBJECTIFS

* Prise de conscience de l'influence des systèmes de référence de chacun sur la communication.
* Rôle de l'implication personnelle et subjectivité dans la communication.
* Développer l'argumentation.

MATÉRIEL
Néant

DOCUMENTS
Histoire[1] citée dans Mucchielli, *Méthodes des cas*, p. 4.

DÉROULEMENT

* Le formateur lit l'histoire du « Fou » aux participants. Il leur demande de classer par ordre de responsabilité les cinq personnes de l'histoire. Le fou, coupable mais jugé, à cause de son état, non responsable, est exclu du classement ; cette phase de l'exercice est une phase de

---

1. Dans un de ses numéros, le Magazine français *Elle* publiait une petite histoire qui provoqua des prises de position passionnées. Voici l'histoire.

Une jeune femme mariée, délaissée par un mari trop pris par son métier, se laisse séduire et va passer la nuit chez son séducteur, dans une maison située de l'autre côté de la rivière. Pour rentrer chez elle, le lendemain au petit matin avant le retour de son mari, qui va rentrer de voyage, elle doit retraverser le pont. Mais un fou menaçant lui interdit le passage. Elle court alors trouver un passeur qui lui demande le prix du passage. Elle n'a pas d'argent. Elle explique et supplie. Il refuse de travailler sans être payé d'avance. Elle va alors trouver son amant et lui demande l'argent. Il refuse sans explications. Elle va trouver un ami célibataire qui habite du même côté et qui lui voue depuis toujours un amour idéal, mais à qui elle n'a jamais cédé. Elle lui raconte tout et lui demande l'argent. Il refuse : elle l'a déçu en se conduisant si mal. Elle décide alors, après une nouvelle tentative vaine auprès du passeur, de passer le pont. Le fou la tue. Lequel de ces six personnages qui sont (par ordre d'entrée dans l'histoire), la femme, le mari, l'amant, le fou, le passeur, l'ami, peut-il être tenu pour responsable de cette mort ? Classez-les par ordre de responsabilité décroissante.

Argumenter

réflexion individuelle. Il faut donc éviter que les participants ne commentent l'histoire en aparté.

- Puis on recense les réponses selon le critère suivant (qui n'est qu'un des critères possibles) :
  « Qui a choisi X comme
    ▷ le plus responsable ?
    ▷ le moins responsable ?
- Les participants sont appelés à donner la justification de leurs choix extrêmes.

COMMENTAIRES

Ce cas a été choisi, non pas pour les possibilités d'analyse des projections psychologiques qu'il présente, mais parce qu'il suscite de nombreux échanges : l'outrance de la situation amène des participants qui s'expriment peu à intervenir dans le débat. Au moment de la justification des choix, le formateur sera attentif à ce que les opinions soient argumentées.

Observations personnelles

Remarques sur l'exercice

Durée _____

Intérêt des participants _____

_____

Efficacité de l'exercice _____

_____

Variantes personnelles

_____
_____
_____

Le fou : forme de procès

OBJECTIF
- Développer la qualité de l'argumentation.

MATÉRIEL
Néant

DOCUMENTS
Histoire jointe à la fiche 83.

DÉROULEMENT
- Pour chaque personnage de l'histoire, y compris la femme, on désigne un avocat de l'accusation et un avocat de la défense. L'important est de construire un réquisitoire ou une défense qui convaincra l'auditoire. Il faudra donc soigner :
  - ▸ l'argumentation,
  - ▸ et l'élocution.

COMMENTAIRES
- Le formateur peut compliquer la situation en attribuant à chacun un rôle qui ne semble pas correspondre à son point de vue personnel.
- Cet exercice permet l'intervention orale de 12 participants. Il favorise donc la prise de parole dans le groupe.
- Si le formateur a affaire à un groupe important, il peut constituer un jury ; les « jurés » auront alors à débattre à partir des plaidoiries entendues.
- Il se peut que, à court d'arguments, les participants se retournent contre la société ou la municipalité.

Argumenter

Observations personnelles

Remarques sur l'exercice

Durée _____

Intérêt des participants _____

_____

_____

Efficacité de l'exercice _____

_____

_____

Variantes personnelles

_____

_____

_____

_____

_____

Questions - Réponses

OBJECTIFS

  * Développer la technique de l'argumentation.
  * Apprendre à justifier ses opinions.

MATÉRIEL

Néant

DOCUMENT

Néant

DÉROULEMENT

  * Chaque participant prépare une liste de 10 questions fermées, portant sur l'actualité et demandant une réponse par « oui » ou par « non ». (Par exemple : « Pensez-vous qu'il y aura un jour la fin de la faim dans le monde ? »)
  * Un participant A choisit un partenaire B et lui pose les dix questions de sa propre liste : une première fois, pour que B choisisse 5 questions, c'est-à-dire qu'après chaque question B indique s'il prend ou non la question (sans connaître l'ensemble de la liste).
  * Puis le « participant-questionneur » A repose les cinq questions choisies auxquelles B répond par « oui » ou par « non ».
  * Enfin, le « participant-questionneur » A rappelle les questions choisies, la réponse et demande à B de justifier ses réponses.
  * Chaque participant pourra tenir l'un ou l'autre rôle.

COMMENTAIRES

  * Il est fréquent que la première difficulté de l'exercice soit de trouver les dix questions. Même s'il est nécessaire d'aider certains participants, il faut maintenir cette contrainte qui peut entraîner à trouver des idées.
  * Au travers de cet exercice, le formateur mettra l'accent sur la tendance commune d'avancer des opinions sans se soucier de les justifier.

Argumenter

Observations personnelles

Remarques sur l'exercice

Durée _____

Intérêt des participants _____

_____

_____

Efficacité de l'exercice _____

_____

_____

Variantes personnelles

_____

_____

_____

_____

_____

Chapitre 7

S'EXPRIMER ET COMMUNIQUER

Les exercices que nous avons rassemblés dans le présent chapitre permettent d'amener les participants (à un stage d'expression) à prendre conscience de certains problèmes de communication. Il ne s'agit certes pas d'une analyse exhaustive de la question, telle qu'on pourrait la trouver dans des ouvrages traitant spécifiquement de la communication (cf. Bibliographie). Toutefois, beaucoup d'exercices que nous avons répartis dans les chapitres précédents peuvent être exploités sous l'angle de la communication, notamment les « jeux de rôle » (n°s 6, 7, 8), les différentes situations d'entretien (n°s 28, 29, 51, 72, 73...) et les travaux de reformulation et de synthèse.

Les exercices que nous exposons ci-après correspondent à la démarche suivante :

1 ▶ Exercices 86 à 94 : **Sensibilisation à certains problèmes de communication**

Nous ne prétendons pas aborder tous les facteurs qui permettent d'expliquer la mauvaise circulation d'un message, mais amener les participants à identifier les « bruits » essentiels qui interviennent entre l'émission et la réception d'un message. Par le terme de « bruit », nous désignons toute perturbation d'ordre matériel, intellectuel ou psychologique susceptible d'affecter la transmission d'un message. Il s'agit pour nous de familiariser les participants avec les notions de :

▶ « Cadre de référence » (système personnel des opinions, des croyances, des idées, du savoir, des normes, des valeurs, des passions, etc. par rapport auquel ce que l'on dit prend un sens).
Les exercices 86 à 91 ont pour but d'amener les participants à découvrir l'incidence de la subjectivité sur des relations interpersonnelles (stéréotypes, opinions, projection...).

▶ « Code » (langage employé).
L'exercice n° 93 montre d'une façon assez significative que l'intelligibilité d'un message réside en premier lieu dans l'utilisation d'un langage approprié. Pour compléter cet apprentissage, il est également possible de se référer aux exercices décrits dans le chapitre « Adapter son expression ».

▶ « Dénotation » (définition d'un mot donnée dans le lexique de la langue utilisée) et « connotation » (tout ce qu'un terme peut évoquer, suggérer plus ou moins consciemment chez celui qui l'utilise). L'exercice n° 92, centré sur les « bruits sémantiques », permet, sur le mode ludique, de travailler sur le mot, premier outil de la communication.

2 ▶ Exercices 95 à 98 : **Écoute et Reformulation**.

Ces exercices, dont certains (n°s 95, 96, 98) peuvent être pratiqués plusieurs fois au cours d'un même stage, permettent un entraînement à la reformulation. Cette pratique rigoureuse, quoiqu'elle puisse être ressentie comme artificielle dans un premier stade, est une étape indispensable pour parvenir à une attitude d'écoute et pour améliorer la qualité de sa communication avec les autres.

3 ▶ Exercices 99 et 100 : **Regard et Expression**.

Le regard est un des moyens par lesquels on entre en relation avec l'autre et qui permettent de vérifier le niveau d'attention et de compréhension de son (ou ses) interlocuteur(s). Pour sensibiliser les participants à cette réalité, nous proposons deux exercices qui les contraignent à garder le contact visuel avec les autres.

Pour tous ces exercices centrés sur la communication qui, rappelons-le, interviennent dans un processus de formation à l'expression, nous conseillons au formateur une certaine prudence lors de l'analyse des interventions, pour éviter les « interprétations sauvages » qui peuvent entraîner des blocages.

Stéréotypes* et idées préconçues

OBJECTIF
○ Constater l'influence des stéréotypes sur nos opinions.

MATÉRIEL
Néant

DOCUMENT
Néant

DÉROULEMENT
○ Le formateur inscrit au tableau un certain nombre de mots ; les participants recopient sur une feuille ces mots et proposent en face de chaque terme les quatre ou cinq termes qui leur viennent spontanément à l'esprit.

○ Ensuite il ramasse les feuilles anonymes et note au tableau tous les termes donnés. On remarque alors que plusieurs mots reviennent fréquemment. De leur juxtaposition se dégage le stéréotype, l'image-cliché.

COMMENTAIRES
○ Les termes choisis peuvent être fort variés :
  ▷ noms de nationalités étrangères : anglais, russe, chinois, turc, américain,
  ▷ noms d'animaux : cochon, renard,
  ▷ prénoms : David, Élodie, Matthieu, Nassima,
  ▷ professions : médecin, P.-D.G., comptable, informaticien, coiffeur.

○ Lors de la synthèse, le groupe constate qu'il a tendance à juger de la même manière le représentant d'un groupe étranger, les gens qui portent le même prénom.

○ Mais ces jugements reposent sur des préjugés, des idées toutes faites que nous avons acquis dans notre profession ou notre milieu, notre éducation.

○ Il importe donc de prendre conscience de l'influence des stéréotypes sur notre manière de penser, de juger, de voir.

S'exprimer et communiquer

Observations personnelles

Remarques sur l'exercice

Durée _____

Intérêt des participants _____
_____
_____

Efficacité de l'exercice _____
_____
_____

Variantes personnelles

_____
_____
_____
_____
_____
_____

Réalité ou interprétation de la réalité

OBJECTIFS

* Prise de conscience de l'influence du système de référence dans la communication et des résistances aux changements d'opinion.
* Mise en évidence de l'attitude dubitative comme mode de pensée.

MATÉRIEL

Néant

DOCUMENTS

Le dossier ci-joint.

DÉROULEMENT

* On distribue à chaque participant un dossier d'exercices. Le formateur donne une explication simple et claire, à partir d'un exemple concret, sur la notion d'inférence (= interprétation), (cf. Introduction). Puis les participants se mettent en sous-groupes de 4 et reçoivent les consignes suivantes :
* Lire soigneusement ces brèves histoires, en considérant que toutes les informations qu'elles contiennent sont exactes bien qu'elles soient, par endroits, assez vagues. Il ne s'agit pas de les mémoriser, **puisque l'on peut les relire à n'importe quel moment.**
* Lire ensuite les affirmations numérotées et décider si chacune d'elles paraît vrai (V), fausse (F) ou discutable (?). Entourer le symbole qui traduit son jugement.
* Prendre les affirmations à la suite et ne pas revenir en arrière pour corriger une réponse précédente. Ne pas relire les affirmations après y avoir répondu. Ces changements ou relectures altéreraient l'exercice.
* Dans chaque sous-groupe le travail se déroule donc selon 2 phases :
  1 ▹ Réponses individuelles aux questions « V », « F », « ? ».
  2 ▹ Confrontation des réponses.
* L'un des 4 membres du sous-groupe note pour chaque question les différentes réponses. Lorsqu'il y a désaccord, chacun explique son point de vue et si l'un ou l'autre change d'avis, il note les changements et indique lequel des membres du sous-groupe a induit ce (ou ces) revirement(s).
* À la fin de l'exercice, chaque sous-groupe tire une leçon sur les diffé-

S'exprimer et communiquer

rentes sources de dissension et essaie de dégager l'existence d'un leader.
* Chaque sous-groupe communique ensuite ses conclusions au groupe.

COMMENTAIRES

* Après le rapport de chaque sous-groupe, le formateur peut proposer
un débat en grand groupe sur les questions qui ont abouti aux choix
les plus variés. Cela permet de sensibiliser les participants à l'influence
de leur système de référence sur l'interprétation d'un texte, les différentes justifications étant fondées, la plupart du temps, sur le savoir ou
l'opinion de chacun.
* Cet exercice permet de mettre en évidence un mode de pensée de type
dubitatif qui s'intercale dans le raisonnement binaire VRAI-FAUX.

Observations personnelles

Remarques sur l'exercice

Durée _____

Intérêt des participants _____
_____

Efficacité de l'exercice _____
_____

Variantes personnelles

_____
_____
_____

S'exprimer et communiquer

EXEMPLE

La seule voiture stationnée devant le 61, rue des Tilleuls est noire. Les mots « Dr J. MAUGER » sont écrits en petites lettres d'or sur la portière gauche avant de la voiture.

1. La voiture devant le 61, rue des Tilleuls est noire   V   F   ?
2. Il n'y a pas de lettres sur la portière gauche avant de la voiture stationnée devant le 61, rue des Tilleuls   V   F   ?
3. Quelqu'un est malade au 61, rue des Tilleuls   V   F   ?
4. La voiture noire stationnée devant le 61, rue des Tilleuls appartient à J. MAUGER   V   F   ?

HISTOIRE A

Pépé Ricci a été tué. La police a arrêté six suspects qui sont tous des criminels connus. On sait que tous étaient dans les alentours du lieu où Ricci est mort, à l'heure approximative de l'événement. Tous avaient des motifs valables pour souhaiter la mort de Pépé Ricci. Toutefois, l'un des criminels suspects, « Sam le maigre » a été définitivement mis hors de cause.

1. On sait que « Sam le maigre » était dans les alentours du lieu où Pépé Ricci fut tué.   V   F   ?
2. On sait que les six criminels étaient tous dans les alentours du lieu du meurtre.   V   F   ?
3. Seul « Sam le maigre » a été mis hors de cause.   V   F   ?
4. Les six suspects ramenés étaient tous dans les alentours du lieu de la mort de Ricci à l'heure approximative de l'événement.   V   F   ?
5. La police ne sait pas qui a tué Ricci.   V   F   ?
6. Le meurtrier de Ricci n'avoua pas de son propre gré.   V   F   ?
7. « Sam le maigre » n'était pas mis hors de cause.   V   F   ?
8. On sait que tous les suspects se trouvaient dans les alentours du lieu où Pépé Ricci a été tué.   V   F   ?

S'exprimer et communiquer

HISTOIRE B

Un commerçant venait d'éteindre les lumières dans le magasin quand un homme apparut et demanda de l'argent. Le propriétaire ouvrit une caisse enregistreuse. Le contenu de la caisse enregistreuse fut ramassé et l'homme s'enfuit. Un officier de police fut averti immédiatement.

1. Un homme apparut après que le propriétaire eut éteint les lumières de son magasin. V F ?
2. Le voleur ne demanda pas d'argent. V F ?
3. Le voleur était un homme. V F ?
4. L'homme qui ouvrit la caisse enregistreuse était le propriétaire. V F ?
5. Le propriétaire ramassa le contenu de la caisse enregistreuse et s'enfuit. V F ?
6. Quelqu'un ouvrit une caisse enregistreuse. V F ?
7. Après que l'homme qui avait demandé l'argent eut ramassé le contenu de la caisse enregistreuse, il s'enfuit. V F ?
8. Quoique la caisse enregistreuse contînt de l'argent l'histoire ne dit pas combien. V F ?
9. Le voleur demanda de l'argent au propriétaire. V F ?
10. Le voleur ouvrit la caisse enregistreuse. V F ?
11. Après que les lumières dans le magasin furent éteintes, un homme apparut. V F ?
12. Le voleur n'emporta pas d'argent. V F ?
13. Le voleur ne demanda pas de l'argent au propriétaire. V F ?
14. Le propriétaire ouvrit une caisse enregistreuse. V F ?
15. L'histoire ne dit pas l'âge du propriétaire du magasin. V F ?
16. L'homme s'enfuit du magasin en emportant avec lui le contenu de la caisse enregistreuse. V F ?
17. L'histoire traite d'une série d'événements dans lesquels seules trois personnes sont mentionnées. Le propriétaire du magasin, un homme qui demanda de l'argent, et un officier de police. V F ?
18. Les événements suivants font partie de l'histoire : quelqu'un demanda de l'argent, une caisse enregistreuse fut ouverte, son contenu fut ramassé, un homme s'enfuit du magasin. V F ?

Exercice des 10 mots

OBJECTIFS

- Faire prendre conscience du rôle des stéréotypes dans la communication.
- Développer la fluidité verbale.

MATÉRIEL

Néant

DOCUMENT

Néant

DÉROULEMENT

Cet exercice doit être, de préférence, pratiqué avec un groupe assez important (au moins 20 personnes).

1 ▷ Au début de la séance, le formateur demande au groupe de suivre ses prescriptions sans chercher à en savoir plus, ce qui nuirait au bon développement de l'exercice.

2 ▷ Le formateur demande que chaque participant inscrive **spontanément** 10 mots sur un papier.

3 ▷ Au bout de quelques minutes on regroupe les participants en cinq ou six sous-groupes. Chaque sous-groupe doit choisir, dans les différentes listes des dix mots dont il dispose, dix mots qui seront ceux du sous-groupe : le critère de choix est laissé à l'initiative de chaque sous-groupe.

4 ▷ Chaque sous-groupe désigne un rapporteur. Les différents rapporteurs se rencontrent au milieu géographique du groupe et choisissent, parmi les mots qui résultent du choix précédent dix mots qui seront ceux du groupe.

Certains participants ont pour tâche d'observer le processus de la prise de décision (critères de choix, organisation, leader).

5 ▷ Lorsque la liste finale des dix mots est établie, le formateur demande à chacun des participants d'écrire un texte, dans la forme qu'il lui plaira d'adopter, dans lequel figurent ces dix mots. Puis les différents textes sont lus (par le formateur ou les participants eux-mêmes).

COMMENTAIRES

* A la fin de l'exercice, le formateur peut centrer la réflexion du groupe sur le **problème de la prise de décision en groupe** (choix des critères, leadership, expression dans les sous-groupes...). Il est à remarquer que les critères que les participants choisissent sont, la plupart du temps, soit des critères objectifs (par ex. : le troisième et le septième mots de chaque liste), soit des critères subjectifs tels que la proximité sémantique des mots, leur sonorité...

* Le formateur peut également partir des textes rédigés et centrer le travail du groupe sur certains aspects du langage. En effet, l'analyse des textes aboutit souvent à la constatation suivante : **les dix mots sont associés, par couples ou trios stéréotypés** (par ex. : si dans une liste on trouve les mots « île », « rêve », « vent », « cheveux »... on lira dans la plupart des textes « île de rêve », « cheveux au vent »).

* Il s'agit donc de travailler sur les associations de mots – réminiscences de textes littéraires ou publicitaires – pour faciliter cette analyse il est possible d'élaborer un tableau à double entrée qui permette de mettre en évidence les associations de mots.

Observations personnelles

Remarques sur l'exercice

Durée _____

Intérêt des participants _____

_____

Efficacité de l'exercice _____

_____

Variantes personnelles

_____

_____

_____

Mots inducteurs*

OBJECTIFS

- Prendre conscience
  - des démarches variées,
  - de la pensée,
  - de la divergence des points de vue.
- Faciliter l'improvisation écrite.

MATÉRIEL

Néant

DOCUMENT

Néant

DÉROULEMENT

- Le formateur inscrit au tableau un certain nombre de mots, en choisissant des termes riches de signification pour obtenir de multiples interprétations.
- Ensuite, chaque participant compose un texte cohérent et correct grammaticalement dans lequel il aura inséré ces mots.
- Quand tous ont terminé, le formateur (ou chaque participant à tour de rôle) lit les textes.

COMMENTAIRES

- On constate alors combien les mêmes mots, grâce à l'analogie et aux différents systèmes de référence, ont induit des textes fort variés.

S'exprimer et communiquer

Observations personnelles

Remarques sur l'exercice

Durée _____

Intérêt des participants _____

_____

_____

Efficacité de l'exercice _____

_____

_____

Variantes personnelles

_____

_____

_____

_____

_____

Improvisation sur un proverbe modifié

OBJECTIFS

- Prendre de la distance par rapport à ses habitudes de pensée.
- Perdre ses « œillères ».

MATÉRIEL

Néant

DOCUMENT

Néant

DÉROULEMENT

Le formateur propose aux participants d'improviser sur des proverbes modifiés :

Exemples :

- Le silence est d'argent, la parole est d'or.
- Qui aime bien châtie mal.
- Le silence est un mur, la parole est un pont.
- L'habit fait le moine.
- Moins fait douceur que violence, plus fait violence que douceur.
- On a souvent besoin d'un plus grand que soi.

COMMENTAIRES

Il est souvent intéressant de faire improviser d'abord sur le proverbe, sous sa forme habituelle, puis sur le même proverbe modifié, soit par la même personne, soit par deux personnes différentes ; dans ce cas, le second orateur sera absent de la salle pendant la première intervention.

La comparaison des deux improvisations montre à quel point nous avons du mal à nous libérer l'esprit, à sortir des sentiers battus.

S'exprimer et communiquer

Observations personnelles

Remarques sur l'exercice

Durée _____

Intérêt des participants _____
_____
_____

Efficacité de l'exercice _____
_____
_____

Variantes personnelles

_____
_____
_____
_____
_____

Description d'une photo et projection

OBJECTIF

* Prise de conscience du rôle de la subjectivité et de l'implication personnelle dans la perception.

MATÉRIEL

Néant

DOCUMENT

On distribue aux participants une image représentant une situation dans laquelle ils puissent se projeter*.

DÉROULEMENT

* On demande à chacun de raconter par écrit ce qu'il voit.
* Puis les uns et les autres se communiquent leurs écrits par lecture à haute voix dans le groupe. Les participants peuvent alors constater la diversité des interprétations.

COMMENTAIRES

Attention !

* Cet exercice doit être exploité comme une preuve de perceptions différentes d'un même document ou comme un exercice de description (clarté de l'expression...)
* Il peut se prêter à une exploitation plus psychologique suivant la compétence du formateur, les attentes du groupe et l'objectif de la formation.

S'exprimer et communiquer

Observations personnelles

Remarques sur l'exercice

Durée _____

Intérêt des participants _____
_____
_____

Efficacité de l'exercice _____
_____
_____

Variantes personnelles

_____
_____
_____
_____
_____

Jeu de définitions

OBJECTIFS

* Attirer l'attention sur la difficulté de passer d'une notion connue à l'expression claire de cette notion.
* Faire prendre conscience de l'influence du système de référence de chacun dans la communication.

MATÉRIEL

Néant

DOCUMENTS

▸ Autant de feuilles blanches semblables que de participants.
▸ Des trombones.

DÉROULEMENT

* Le nombre de joueurs n'est pas limité.

1re phase

* **Exercice individuel écrit :** mots et définitions

1 – sur la feuille blanche, chaque participant inscrit en haut un **mot** (concret, abstrait, nom, adjectif), puis passe sa feuille à son voisin de droite.

2 – Après avoir lu le mot inscrit, chacun
  ▸ plie la feuille de manière à rendre invisible le mot (on utilise alors le trombone),
  ▸ puis donne une **définition** écrite de ce mot en évitant bien sûr de reprendre le mot,
  ▸ et passe sa feuille à son voisin de droite.

3 – Chacun a alors sous les yeux une définition et
  ▸ lit cette définition,
  ▸ plie la feuille de manière à rendre invisible la définition,
  ▸ et donne la feuille à son voisin de droite.

4 – Reprendre les indications données en 2

5 – Reprendre les indications données en 3, etc.

* Le jeu s'arrête quand la feuille est remplie. Il faut finir sur un mot.
* Durant le jeu, chaque membre aura successivement donné une définition, inscrit un mot, donné une définition, inscrit un mot, etc.

S'exprimer et communiquer

2ᵉ phase
- **Travail en sous-groupe :** l'analyse des résultats. Deux sous-groupes sont constitués. Les feuilles sont réparties entre ces sous-groupes.
- On leur demande de déterminer pourquoi le mot inscrit après une définition correspond ou non au mot donné avant la définition.
- Puis pour chacun des mots analysés, le sous-groupe élabore une définition qu'il juge correcte.

3ᵉ phase
- **Exercice oral individuel :** explication des déformations. Un rapporteur dans chaque sous-groupe expose oralement, dans une synthèse les principales raisons de la déformation du message.

COMMENTAIRES

- Cet exercice, que nous pratiquons souvent au début d'un cycle de formation à l'expression, a l'avantage de sensibiliser facilement les participants au fait que les mots les plus simples ne sont pas investis d'une même signification pour tous les individus.
- L'analyse des distorsions dans la « circulation » des mots permet de dégager un certain nombre de raisons pour lesquelles se produisent, au niveau de l'outil qu'est le mot, des « parasites » dans la communication :
  - mauvaise lecture,
  - interprétation,
  - expression vague, confuse,
  - subjectivité (ex. : définition de lit : « meuble le plus agréable »).
- La réécriture d'une définition en sous-groupe, sitôt après les critiques, rend les participants plus exigeants sur la qualité de leur expression.

Observations personnelles

_____

_____

_____

_____

_____

Le T : interview à partir d'un puzzle

OBJECTIFS

- Faire prendre conscience des différents niveaux de langage.
- Apprendre à organiser efficacement l'information.
- Développer les qualités d'écoute.

MATÉRIEL

Éventuellement un magnétophone ou un magnétoscope.

DOCUMENTS

Deux puzzles identiques composés de 6 à 7 morceaux de formes géométriques plus ou moins compliquées et représentant la lettre T. Ces puzzles sont coloriés ou peints sur une seule face. Cependant, les morceaux correspondants d'un puzzle à l'autre n'ont pas la même couleur.

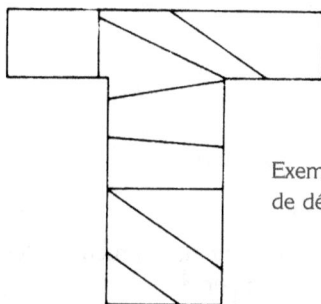

Exemple
de découpage

DÉROULEMENT

1re phase

- On choisit – par tirage au sort ou volontariat – deux participants qui seront l'interviewer et l'interviewé. On annonce qu'il s'agit de faire une interview où ils n'auront pas à s'impliquer personnellement, mais à recueillir et communiquer des informations sur un thème neutre. On fait sortir ces deux personnes de la salle et on montre les deux puzzles aux autres participants qui seront observateurs. On leur donne les consignes d'observation suivantes :

S'exprimer et communiquer

▷ analyser les langages employés par
  – la prise en compte des questions posées
                              des réponses données
  – la méthode utilisée pour expliquer
▷ observer les rôles tenus dans l'interview (leadership ?)

2ᵉ phase

- On fait rentrer les deux « acteurs » de l'interview après avoir installé les puzzles sur deux tables disposées de telle sorte que le puzzle de chacun soit invisible pour l'autre (face à face avec un paravent, par exemple).
- Le formateur donne alors la consigne de l'exercice : « X et Y ont devant eux un puzzle de forme identique. X, qui a le puzzle reconstitué, doit donner toutes les explications nécessaires à Y pour qu'il reconstitue son puzzle. Le paravent qui les sépare montre bien qu'ils ne peuvent recourir qu'au langage verbal (ni geste, ni dessin). Y peut interrompre X quand il le désire. »
- Il faut, pour éviter toute demande de précision sur la couleur, leur dire qu'ils n'auront pas le droit de poser des questions au formateur, une fois la consigne de travail donnée.

3ᵉ phase

- On laisse se dérouler l'interview.

4ᵉ phase

- Exploitation de l'exercice à partir des notes des observateurs et éventuellement de l'enregistrement.

COMMENTAIRES

- Lorsque le résultat est atteint, on recueille les remarques des observateurs. Puis on repasse l'enregistrement (magnétoscope ou magnétophone). Il convient alors d'attirer l'attention des participants sur :
  ▷ l'adéquation du langage employé (géométrique, géographique...),
  ▷ la clarté de l'expression et la rigueur de l'information,
  ▷ la pertinence des questions posées,
  ▷ l'attitude d'écoute...
- Il est également intéressant d'analyser la façon dont les deux « acteurs » vont découvrir que les couleurs ne correspondent pas et leurs réactions (complicité, agressivité à l'égard de l'animateur, découragement).

Description en chaîne

S'exprimer et communiquer

OBJECTIFS

* Sensibiliser à la déformation d'un message dans la communication.
* Apprendre à décrire.

MATÉRIEL

Néant

DOCUMENTS

Une image assez schématique qui puisse être reproduite aisément (cf. exemple ci-joint).

DÉROULEMENT

* On choisit cinq personnes dans le groupe et on les fait sortir de la salle, les autres participants seront observateurs.
* Seul le premier participant voit l'image, les observateurs ont pour tâche de noter les distorsions dans les messages successifs (oublis, modifications, invention), mais ils n'ont pas la connaissance de l'image.
* On fait rentrer l'un des 5 participants dans la salle et on lui remet l'image. Il la regarde quelques minutes et on la lui reprend.
* Puis le deuxième participant rentre dans la salle et le premier l'informe de ce qu'il a vu, puis le deuxième informe le troisième, et ainsi de suite jusqu'au cinquième.
* On demande au cinquième de reproduire graphiquement ce qu'il a compris ainsi qu'aux observateurs.

COMMENTAIRES

* On compare l'image initiale et les représentations finales.
* On recense les modifications importantes.
* Les observateurs essaient alors de repérer les raisons pour lesquelles telle ou telle partie du message s'est altérée (expression confuse, vague, oubli, confusion...).
* Il est à remarquer que dans la plupart des cas où nous avons pratiqué cet exercice, les participants s'attachaient à décrire et transmettre des détails et ne communiquaient aucune vue d'ensemble de l'image.

Observations personnelles

Remarques sur l'exercice

Durée _____

Intérêt des participants _____

_____

_____

Efficacité de l'exercice _____

_____

_____

Variantes personnelles

_____

_____

_____

_____

_____

Texte lu avec d'autres mots

OBJECTIFS

- Entraîner à la reformulation.
- Développer la fluidité verbale.

MATÉRIEL

Un magnétophone.

DOCUMENTS

Des textes divers ne présentant pas de difficulté de compréhension.

DÉROULEMENT

On donne un texte à un participant qui en prend rapidement connaissance. Puis il le lit à haute voix en changeant le plus possible de mots, tout en gardant les idées.

On distribue le texte à tous les participants. En réécoutant l'enregistrement chacun notera les termes et expressions modifiés et appréciera le degré de fidélité aux idées du texte.

COMMENTAIRES

- Il est utile que chaque participant fasse plusieurs fois cet exercice qui est, en fait, assez difficile. Il nécessite en effet un certain déconditionnement par rapport aux habitudes de lecture fondées sur le respect du texte écrit.
- C'est le type même d'exercice que l'on peut conseiller comme entraînement en dehors des séances de formation.

Par cet exercice on entraîne également les participants à se dégager des mots pour ne s'en tenir qu'aux idées ; il est aussi une introduction à la lecture rapide.

Observations personnelles

Remarques sur l'exercice

Durée _____

Intérêt des participants _____
_____
_____

Efficacité de l'exercice _____
_____
_____

Variantes personnelles

_____
_____
_____
_____
_____

Écoute et prise de notes[1]

OBJECTIFS

- Développer l'écoute et la prise de notes.
- S'entraîner à arranger ses idées en fonction de son « intention mentale »*.

MATÉRIEL

Deux tableaux.

DOCUMENT

Néant

DÉROULEMENT

Les participants, à tour de rôle, sont invités à improviser une assez courte intervention sur un des thèmes qu'ils auront eux-mêmes précédemment proposés.

1re phase

Chaque orateur, avant de parler, indique sur un papier connu de lui seul son intention, l'orientation générale de son message (par ex. : « j'ai l'intention de vous décrire une ville », ou « j'ai l'intention de vous convaincre »).

2e phase

Pendant chaque intervention :

- ▶ ou bien les autres participants écoutent sans prendre de notes, puis, à la fin rédigent un résumé écrit de l'intervention.
- ▶ ou bien deux participants prennent des notes sur deux tableaux différents, disposés d'une manière telle que le groupe ne puisse lire ce qui est écrit. Cette prise de notes ne portera que sur le contenu de l'exposé (Introduction – Plan – Arguments – Conclusion).

3e phase

Après chaque intervention :

- ▶ ou bien deux volontaires lisent leur résumé écrit et le groupe, après avoir pris connaissance de l'« intention mentale » de l'orateur essaie

_____

1. Cf. *La prise de note intelligente* de Renée et Jean Simonet (Éditions d'Organisation.)

de voir pourquoi les résumés sont plus ou moins fidèles à ce qu'a voulu dire et dit l'orateur.

▷ ou bien, après que les deux tableaux ont été retournés, le groupe analyse, en les comparant, les deux types de prise de notes et cherche dans quelle mesure les notes prises reflètent l'intention de l'orateur qui est portée à la connaissance de tous à ce stade de l'analyse seulement.

COMMENTAIRES

Afin de casser le rythme, on a souvent intérêt à utiliser dans un même groupe ces deux variantes de l'exercice.

Tout formateur pourra aussi demander à un observateur de noter ses remarques sur l'expression elle-même et non sur le contenu de l'expression (cf. l'exercice « Improvisation sur un thème choisi »).

Observations personnelles

Remarques sur l'exercice

Durée _____

Intérêt des participants _____
_____
_____

Efficacité de l'exercice _____
_____
_____

Variantes personnelles

_____
_____
_____
_____
_____

Présentation sous forme d'interview

OBJECTIFS

- Développer l'écoute.
- Développer les qualités de reformulation* et de synthèse.

MATÉRIEL

Dictaphones ou magnétophones.

DOCUMENT

Néant

DÉROULEMENT

- Le groupe est divisé en trio.
- Le « participant meneur de jeu » interroge les deux autres participants sur les activités et autres sujets qu'il juge souhaitable pour une meilleure connaissance. Lui ne se présente pas, il fera donc partie d'un autre trio.
- Il ne s'agit pas de deux monologues, mais d'un dialogue. Le « participant meneur de jeu » doit faire passer la parole de l'un à l'autre le plus souvent possible. La difficulté est de trouver dans ce que dit l'un, l'occasion d'une relance sur l'autre.
- En fin d'interview (15 minutes environ), le meneur de jeu participant doit résumer les deux présentations. Les autres participants qui ont, pendant l'entretien, pris des notes, apprécient la fidélité de la synthèse. Puis un autre trio fait le même travail.

COMMENTAIRES

- Comme l'exercice « présentation 2 à 2 », celui-ci présente aussi l'intérêt d'éviter au début du stage une présentation des participants style tour de table.
- L'enregistrement facilite l'analyse de la qualité d'écoute.

Observations personnelles

Remarques sur l'exercice

Durée _____

Intérêt des participants _____
_____
_____

Efficacité de l'exercice _____
_____
_____

Variantes personnelles

_____
_____
_____
_____
_____

Débat avec reformulation* obligatoire

OBJECTIFS

* Développer l'attitude d'écoute.
* Développer la technique de l'argumentation.

MATÉRIEL

Néant

DOCUMENT

Néant

DÉROULEMENT

* Les participants choisissent un thème de débat.
* Le formateur impose la contrainte suivante : Chaque participant ne peut intervenir dans le débat qu'après avoir reformulé la pensée de celui qui a parlé avant lui.

COMMENTAIRES

* Il arrive fréquemment que les participants ne respectent la consigne de reformulation* qu'au début du débat ; sitôt qu'ils entrent vraiment dans l'argumentation, ils ont tendance à reprendre une attitude centrée sur leur propre discours et non sur celui des autres. Dans ce cas, il y a deux possibilités :
  ▷ soit le formateur laisse le débat se poursuivre et, dès lors, il pourra à la fin procéder à une étude comparative entre les 2 parties du débat et faire ressortir l'intérêt de la reformulation ;
  ▷ soit lui-même (ou un des participants désigné à cet effet) intervient pour répartir le respect de la consigne chaque fois que quelqu'un s'en éloigne.
* Pour faciliter la notion de reformulation, il est souvent utile de recommander aux participants de commencer toute intervention par des formules « toutes faites » (« selon vous... », « si j'ai bien compris votre pensée... », « vous... », « vous pensez que... », « vous avez dit que... »).

S'exprimer et communiquer

Observations personnelles

Remarques sur l'exercice

Durée _____

Intérêt des participants _____
_____
_____

Efficacité de l'exercice _____
_____
_____

Variantes personnelles

_____
_____
_____
_____
_____

Lire et regarder

OBJECTIF

- S'entraîner à garder le contact visuel avec l'auditoire tout en lisant le texte.

MATÉRIEL

Néant

DOCUMENT

Néant

DÉROULEMENT

- On donne le même texte à tous les participants qui le consultent rapidement.
- Puis on demande à chacun de lire un passage en respectant la consigne suivante : « Lisez le texte sans parler et le dire en regardant l'auditoire. »
- On demande aux participants qui ne lisent pas de fixer celui qui lit afin de vérifier qu'il ne se contente pas de lever la tête.

COMMENTAIRES

- Le formateur veillera au respect rigoureux de la consigne. Les mots doivent être prononcés seulement en regardant l'auditoire.
- Cet exercice est, pour les participants, l'occasion d'une prise de conscience très vive du fait visuel dans l'expression orale.
- Il présente aussi l'intérêt de ralentir le débit des personnes qui parlent trop vite.

S'exprimer et communiquer

Observations personnelles

Remarques sur l'exercice

Durée _____

Intérêt des participants _____
_____
_____

Efficacité de l'exercice _____
_____
_____

Variantes personnelles

_____
_____
_____
_____
_____

Champ visuel

OBJECTIF

* Sensibiliser à l'importance du regard dans la communication.

MATÉRIEL

Néant

DOCUMENT

Néant

DÉROULEMENT

On demande à un participant de faire une intervention orale face au groupe disposé en demi-cercle. On donne à l'auditoire la consigne de déterminer le champ visuel de l'orateur ; il s'agit de repérer la zone couverte par son regard (dirige-t-il son regard sur tout le groupe ou sur une zone privilégiée ?).

L'orateur n'est pas informé des consignes d'observation donnée au reste du groupe.

Après quelques minutes de parole, on arrête l'exposé et les participants rendent compte de leurs observations.

L'orateur reprend son exposé en tâchant de regarder tous les membres du groupe.

Variante : L'orateur fait son intervention à partir d'un document écrit.

COMMENTAIRES

Au cours d'une intervention orale assez longue (minimum 15mn), il est intéressant d'étudier la corrélation entre le degré d'attention des participants et leur situation dans le champ visuel de l'orateur. Il nous est souvent arrivé de constater que ceux qui ne sont pas sollicités du regard ont tendance à se désintéresser progressivement des propos de l'orateur.

S'exprimer et communiquer

Observations personnelles

Remarques sur l'exercice

Durée _____

Intérêt des participants _____
_____
_____

Efficacité de l'exercice _____
_____
_____

Variantes personnelles

_____
_____
_____
_____
_____

TABLEAU N° 1 : CONDITIONS MATÉRIELLES ET PRÉPARATION

	Exercices		Documents		Matériel audiovisuel					Préparation de l'exercice		
					Magnétophone		Magnétoscope					
N°	Titre	Page	Avec	Sans	obligatoire	éventuel	obligatoire	éventuel	Sans	Sans	Par l'animateur hors séance	Par le stagiaire en séance
1	Association de mots	I-3		X					X	X		
2	« Brainstorming »	I-5		X					X	X		
3	Discussion en sous-groupes	I-7		X					X	X		
4	Cas ou Club de Lecture	I-9										
5	Commentaire sur un message visuel	I-11	X				X				X	
6	Jeux de rôle préparés sur des situations professionnelles	I-13		X		X		X	X		X	
7	Jeux de rôle préparés sur une situation de rencontre fortuite	I-15		X				X	X	X		X
8	Jeux de rôle improvisés	I-17		X				(X)	X	X		
9	Improvisation individuelle sur 1 mot	I-19		X		(X)			X	X		
10	Improvisation individuelle sur 10 mots	I-21		X		(X)			X	X		
11	Improvisation individuelle sur un thème choisi	I-23		X					X	X		
12	Violon d'Ingres	I-25		X					X	X		
13	Histoire à suivre	I-27	X			(X)			X		X	

N°	Titre	Page	Documents Avec	Documents Sans	Magnétophone obligatoire	Magnétophone éventuel	Magnétoscope obligatoire	Magnétoscope éventuel	Audiovisuel Sans	Préparation Sans	Par l'animateur hors séance	Par le stagiaire en séance
31	Télégramme	III-9	X						X			X
32	2mn, 10mn	III-11		X					X	X		
33	Revue de presse	III-13	X			(X)		(X)	X		X	X
34	Compte rendu de séance	III-15		X					X			X
35	Compte rendu oral d'un long texte écrit	III-17	X			(X)			X		X	X
36	Textes lus en alternance	III-19	X						X		X	
37	Lecture, prise de notes et résumé écrit	III-21	X			(X)			X		X	X
38	Lecture alternée et résumé	III-23	X						X		X	X
39	Résumé et contraction	III-25	X						X		X	X
40	Le graphique	III-27	X						X		X	X
41	Le schéma	III-29		X					X			X
42	Presse et discours	IV-3	X						X		X	X
43	Presse et chiffres	IV-5	X						X		X	X
44	Presse et titres	IV-7	X						X		X	X
45	Analyse de textes publicitaires	IV-9	X						X		X	X
46	Carton d'invitation	IV-11		X					X		X	X
47	Improvisation d'un conte	IV-13		X		(X)			X	X		
48	Improvisation sur un discours de circonstance	IV-15		X		(X)			X	X		

N°	Titre	Page	Documents Avec	Documents Sans	Magnétophone obligatoire	Magnétophone éventuel	Magnétoscope obligatoire	Magnétoscope éventuel	Audiovisuel Sans	Préparation Sans	Par l'animateur hors séance	Par le stagiaire en séance
49	« A la manière de »	IV-17		X					X			X
50	Intervention selon différents points de vue	IV-19		X					X	X		
51	L'entretien sauvage	IV-21		X					X	X		
52	Langage technique et langage courant	IV-23	X		X			(X)	X			X
53	Le Dictaphone	IV-25	X								X	X
54	Rédaction d'un questionnaire	IV-27		X							X	X
55	Entretien et formulation des questions	IV-29		X		(X)			X	X		
56	Texte publicitaire à partir d'une fiche technique	IV-31	X						X		X	X
57	Lettres et expression nuancée	IV-33	X						X		X	
58	Rédaction d'une note	IV-35	X			X			X		X	X
59	La planche	V-3	X						X		X	X
60	La photo, en sous-groupes	V-5	X						X		X	
61	Puzzle avec magnétoscope	V-7	X				X		X		X	
62	La figure géométrique	V-9		X					X		X	
63	Variante en trio de l'exercice de Leavitt	V-11	X					(X)	X		X	
64	Le pliage	V-13		X				(X)	X	X		

N°	Titre	Page	Documents Avec	Documents Sans	Magnétophone obligatoire	Magnétophone éventuel	Magnétoscope obligatoire	Magnétoscope éventuel	Matériel Sans	Préparation Sans	Par l'animateur hors séance	Par le stagiaire en séance
79	Une information : 2 exploitations	VI-17	X					(X)	X		X	X
80	Argument, réfutation, contre-réfutation	VI-19		X					X	X		
81	Argumentation rationnelle et/ou émotionnelle	VI-21		X				(X)	X			X
82	Argumentation et méthode des critères	VI-23		X				(X)	X			X
83	« Le fou »	VI-25	X					(X)	X		X	
84	« Le fou » : forme de procès	VI-27	X					(X)	X		X	
85	Questions - Réponses	VI-29		X				(X)	X	X		
86	Stéréotypes et idées préconçues	VII-3		X					X		X	
87	Réalité ou interprétation de la réalité	VII-5	X						X		X	
88	Exercice des 10 mots	VII-9		X					X			X
89	Mots inducteurs	VII-11		X					X			X
90	Improvisation sur un proverbe modifié	VII-13		X		(X)			X		X	
91	Description d'une photo et projection	VII-15		X		(X)			X		X	

TABLEAU N° 2 : TRAVAUX ORAUX-ÉCRITS, INDIVIDUELS-COLLECTIFS

N°	Titre	Page	Travail strictement écrit	Travail strictement oral	Travail écrit OU oral	Travail écrit ET oral	Travail individuel	Travail par deux	Travail en sous-groupes	Travail en grand groupe
1	Association de mots	I-3		X			X			X
2	« Brainstorming »	I-5		X						X
3	Discussion en sous-groupes	I-7		X					X	
4	Cas ou club de lecture	I-9		X			X			
5	Commentaire d'un message visuel	I-11		X			X			
6	Jeux de rôle préparés sur des situations professionnelles	I-13		X					X	
7	Jeux de rôle préparés sur une situation de rencontre fortuite	I-15		X					X	
8	Jeux de rôle improvisés	I-17		X					X	
9	Improvisation individuelle sur un mot	I-19				X	X			
10	Improvisation individuelle sur 10 mots	I-21		X			X			
11	Improvisation individuelle sur un thème choisi	I-23				X	X			
12	Le violon d'Ingres	I-25		X			X			

N°	Titre	Page	Travail strictement écrit	Travail strictement oral	Travail écrit OU oral	Travail écrit ET oral	Travail individuel	Travail par deux	Travail en sous-groupes	Travail en grand groupe
13	Histoire à suivre	I-27	X				X		X	X
14	Faire des bulles	I-29		X			X			X
15	Jeux de Kim	II-2		X			X			
16	Improvisation d'une histoire collective	II-5		X						X
17	Improvisation d'une histoire collective à partir de 10 mots	II-7				X	X			X
18	Le récit à l'envers	II-9		X			X			
19	Plan dialectique et ses variantes	II-11			X		X			
20	Modèle des sciences et diagnostic médical	II-13								
21	S.O.S.R.A.	II-15			X		X			
22	Modèle de Laswell	II-17			X		X			
23	Aspects et critères	II-19			X		X			
24	Mise en phases et points clés	II-21			X		X			
25	Le plan commun	II-23		X			X			
26	Quelques types de lettres	II-25	X				X			
27	Rédaction articulée	II-27	X							
28	Présentation deux à deux	III-3		X				X		X
29	Interview en sous-groupes	III-5		X					X	X

N°	Titre	Page	Travail strictement écrit	Travail strictement oral	Travail écrit OU oral	Travail écrit ET oral	Travail individuel	Travail par deux	Travail en sous-groupes	Travail en grand groupe
30	Titres et sous-titres	III-7	X				X			X
31	Le télégramme	III-9	X				X			X
32	2 minutes – 10 minutes	III-11				X	X			
33	Revue de presse	III-13					X		X	
34	Compte rendu de séance	III-15	X				X		X	
35	Compte rendu oral d'un long texte écrit	III-17					X			
36	Textes lus en alternance	III-19		X				X		
37	Lecture, prise de notes et résumé écrit	III-21	X				X			X
38	Lecture alternée et résumé	III-23	X				X			
39	Résumé – contraction	III-25	X				X			
40	Le graphique	III-27					X			X
41	Le schéma	III-29	X							
42	Presse et discours	IV-3			X				X	
43	Presse et chiffres	IV-5			X				X	
44	Presse et titres	IV-7			X				X	
45	Analyse de textes publicitaires	IV-9		X					X	
46	Carton d'invitation	IV-11	X				X			
47	Improvisation d'un conte	IV-13		X			X			

N°	Exercices - Titre	Page	Travail strictement écrit	Travail strictement oral	Travail écrit OU oral	Travail écrit ET oral	Travail individuel	Travail par deux	Travail en sous-groupes	Travail en grand groupe
48	Improvisation d'un discours de circonstance	IV-15		X			X			
49	A la manière de	IV-17	X				X		X	
50	Interventions selon différents points de vue	IV-19	X				X			
51	L'entretien sauvage	IV-21	X						X	
52	Langage « technique » et langage courant	IV-23			X					
53	Le dictaphone	IV-25				X		X		
54	Rédaction d'un questionnaire	IV-27	X							X
55	Entretien et formulation des questions	IV-29		X				X		
56	Texte publicitaire à partir d'une fiche technique	IV-31	X						X	
57	Lettres et expression nuancée	IV-33	X				X			
58	Rédaction d'une note	IV-35	X				X			
59	La planche	V-3		X			X			
60	La photo en sous-groupes	V-5							X	
61	Le puzzle avec magnétoscope	V-7		X						X
62	La figure géométrique	V-9	X							X

N°	Titre	Page	Travail strictement écrit	Travail strictement oral	Travail écrit OU oral	Travail écrit ET oral	Travail individuel	Travail par deux	Travail en sous-groupes	Travail en grand groupe
63	Variante en trio de l'exercice de Leavitt	V-11		X					X	
64	Le pliage	V-13		X			X			X
65	Mode d'emploi – recettes – règles d'un jeu	V-15			X		X			
66	Raconter un film policier	V-17		X			X			
67	Variante non géométrique de l'exercice de Leavitt	V-19		X			X			X
68	Explication d'une technique complexe	V-21			X		X			
69	Décrire le fonctionnement d'une administration	V-23		X					X	
70	Commentaire d'un tableau chiffré	V-25			X		X			
71	Raconter un film comique	V-27		X			X			
72	Réunion – discussion	VI-3				X				X
73	Débat contradictoire entre deux sous-groupes	VI-5		X					X	
74	Un contre un	VI-7		X				X		
75	Un contre tous	VI-9		X			X			X
76	Un contre un, puis contre tous	VI-11				X		X		X

N°	Titre	Page	Travail strictement écrit	Travail strictement oral	Travail écrit OU oral	Travail écrit ET oral	Travail individuel	Travail par deux	Travail en sous-groupes	Travail en grand groupe
77	« Je suis pour ou contre, voilà pourquoi »	VI-13		X			X			
78	Improvisation du contraire	VI-15		X			X			
79	Une information : deux exploitations	VI-17				X		X		
80	Argument, réfutation, contre-réfutation,	VI-19			X		X			
81	Argumentation rationnelle et/ou émotionnelle	VI-21			X		X			
82	Argumentation et méthode des critères	VI-23		X			X			
83	« Le fou »	VI-25					X			X
84	« Le fou » : forme de procès	VI-27		X			X			X
85	Questions-réponses	VI-29				X		X		
86	Stéréotypes et idées préconçues	VII-3	X							X
87	Réalité ou interprétation de la réalité	VII-5				X	X		X	
88	Exercice des 10 mots	VII-9				X	X		X	
89	Mots inducteurs	VII-11	X				X			
90	Improvisation sur un proverbe modifié	VII-13		X			X			X

N°	Titre	Page	Travail strictement écrit	Travail strictement oral	Travail écrit OU oral	Travail écrit ET oral	Travail individuel	Travail par deux	Travail en sous-groupes	Travail en grand groupe
	Exercices									
91	Description d'une photo et projection	VII-15		X				X		X
92	Jeu des définitions	VII-17				X	X			X
93	Le T : interview à partir d'un puzzle	VII-19		X				X		
94	Description en chaîne	VII-21		X					X	
95	Texte lu avec d'autres mots	VII-23		X			X			
96	Écoute et prise de notes	VII-25				X	X			X
97	Présentation sous forme d'interview	VII-27		X				X		
98	Débat avec reformulation obligatoire	VII-29		X						X
99	Lire et regarder	VII-31		X			X			X
100	Champ visuel	VII-33		X			X			

252

TABLEAU N° 3 : APTITUDES ET ATTITUDES DÉVELOPPÉES

N°	Exercices — Titre	Page	Fluidité — Mentale	Fluidité — Verbale	Esprit d'analyse	Rigueur de pensée	Esprit de synthèse	Concision	Écoute
1	Association de mots	I-3	X	X					
2	« Brainstorming »	I-5	X	X			X		
3	Discussion en sous-groupes	I-7	X	X			X		
4	Cas au club de lecture	I-9	X	X		X			
5	Commentaire d'un message visuel	I-11		X					
6	Jeux de rôle préparés sur des situations professionnelles	I-13	X	X					X
7	Jeux de rôle préparés sur une situation de rencontre fortuite	I-15		X					
8	Jeux de rôle improvisés	I-17		X					
9	Improvisation individuelle sur un mot	I-19	X	X					
10	Improvisation individuelle sur 10 mots	I-21	X	X					
11	Improvisation individuelle sur un thème choisi	I-23	X	X	X				X
12	Le violon d'Ingres	I-25	X	X					

N°	Titre	Page	Fluidité		Esprit d'analyse	Rigueur de pensée	Esprit de synthèse	Concision	Écoute
			Mentale	Verbale					
13	Histoire à suivre	I-27	X	X		X			
14	Faire des bulles	I-29	X	X					
15	Jeux de Kim	II-2	X	X		X			
16	Improvisation d'une histoire collective	II-5	X	X		X	X		X
17	Improvisation d'une histoire collective à partir de 10 mots	II-7	X	X		X	X		X
18	Le récit à l'envers	II-9				X			
19	Plan dialectique et ses variantes	II-11			X	X			
20	Modèle des sciences et du diagnostic médical	II-13			X	X			
21	S.O.S.R.A.	II-15			X	X			
22	Modèle de Laswell	II-17	X		X	X			
23	Aspects et critères	II-19			X	X			
24	Mise en phases et points clés	II-21			X	X			
25	Le plan commun	II-23			X				
26	Quelques types de lettres	II-25						X	
27	Rédaction articulée	II-27			X		X	X	
28	Présentation deux à deux	III-3					X	X	X
29	Interview en sous-groupes	III-5					X	X	X

254

N°	Titre	Page	Fluidité Mentale	Fluidité Verbale	Esprit d'analyse	Rigueur de pensée	Esprit de synthèse	Concision	Écoute
30	Titres et sous-titres	III-7			X		X	X	
31	Le télégramme	III-9					X	X	
32	2 minutes – 10 minutes	III-11		X			X	X	
33	Revue de presse	III-13			X	X	X	X	
34	Compte rendu de séance	III-15					X		
35	Compte rendu oral d'un long texte écrit	III-17			X		X		
36	Textes lus en alternance	III-19					X		X
37	Lecture, prise de notes et résumé écrit	III-21					X	X	X
38	Lecture alternée et résumé	III-23				X	X	X	X
39	Résumé – contraction	III-25					X	X	
40	Le graphique	III-27			X		X		
41	Le schéma	III-29			X		X		
42	Presse et discours	IV-3			X				
43	Presse et chiffres	IV-5			X				
44	Presse et titres	IV-7			X				
45	Analyse de textes publicitaires	IV-9							
46	Carton d'invitation	IV-11				X		X	
47	Improvisation d'un conte	IV-13	X	X					

N°	Titre	Page	Fluidité Mentale	Fluidité Verbale	Esprit d'analyse	Rigueur de pensée	Esprit de synthèse	Concision	Écoute
48	Improvisation d'un discours de circonstance	IV-15	X	X				X	
49	« A la manière de »	IV-17							
50	Interventions selon différents points de vue	IV-19	X	X	X				
51	L'entretien sauvage	IV-21	X	X					
52	Langage « technique » et langage courant	IV-23			X				
53	Le dictaphone	IV-25							
54	Rédaction d'un questionnaire	IV-27							
55	Entretien et formulation des questions	IV-29					X	X	X
56	Texte publicitaire à partir d'une fiche technique	IV-31		X					
57	Lettres et expression nuancée	IV-33				X		X	
58	Rédaction d'une note	IV-35			X	X	X	X	
59	La planche	V-3			X				
60	La photo en sous-groupes	V-5			X				
61	Le puzzle avec magnétoscope	V-7			X	X			
62	La figure géométrique	V-9			X	X			

N°	Exercices Titre	Page	Fluidité Mentale	Fluidité Verbale	Esprit d'analyse	Rigueur de pensée	Esprit de synthèse	Concision	Écoute
63	Variante en trio de l'exercice de Leavitt	V-11			X	X			
64	Le pliage	V-13			X	X			
65	Mode d'emploi – recettes – règles d'un jeu	V-15							
66	Raconter un film policier	V-17		X	X	X			
67	Variante non géométrique de l'exercice de Leavitt	V-19	X	X	X	X			
68	Explication d'une technique complexe	V-21			X	X			
69	Décrire l'organisation d'une administration	V-23			X	X			
70	Commentaire d'un tableau chiffré	V-25	X	X	X	X			
71	Raconter un film comique	V-27		X					
72	Réunion – discussion	VI-3		X	X				
73	Débat contradictoire entre deux sous-groupes	VI-5			X		X		
74	Un contre un	VI-7				X			X
75	Un contre tous	VI-9				X			X
76	Un contre un, puis contre tous	VI-11				X			X

N°	Titre	Page	Fluidité Mentale	Fluidité Verbale	Esprit d'analyse	Rigueur de pensée	Esprit de synthèse	Concision	Écoute
77	« Je suis pour ou contre, voilà pourquoi »	VI-13				X			
78	Improvisation du contraire	VI-15				X			
79	Une information : deux exploitations	VI-17			X	X			
80	Argument, réfutation, contre-réfutation,	VI-19				X			
81	Argumentation rationnelle et/ou émotionnelle	VI-21				X			
82	Argumentation et méthode des critères	VI-23				X			
83	« Le fou »	VI-25	X			X			
84	« Le fou » : forme de procès	VI-27	X			X			
85	Questions-réponses	VI-29	X			X			
86	Stéréotypes et idées préconçues	VII-3							
87	Réalité ou interprétation de la réalité	VII-5							
88	Exercice des 10 mots	VII-9							
89	Mots inducteurs	VII-11			X				
90	Improvisation sur un proverbe modifié	VII-13	X	X					

Exercices			Fluidité		Esprit d'analyse	Rigueur de pensée	Esprit de synthèse	Concision	Écoute
N°	Titre	Page	Mentale	Verbale					
91	Description d'une photo et projection	VII-15		X					
92	Jeu de définitions	VII-17				X		X	
93	Le T : interview à partir d'un puzzle	VII-19			X	X			X
94	Description en chaîne	VII-21			X				X
95	Texte lu avec d'autres mots	VII-23		X					X
96	Écoute et prise de notes	VII-25							X
97	Présentation sous forme d'interview	VII-27				X	X		X
98	Débat avec reformulation obligatoire	VII-29					X		X
99	Lire et regarder	VII-31							
100	Champ visuel	VII-33							

TABLEAU N° 4 : EXERCICE D'AUTOFORMATION

Parmi les exercices présentés, certains peuvent servir de supports à un autoperfectionnement. Cette notion semble paradoxale, en particulier appliquée à l'expression orale.

Si l'on voit dans la formation à l'expression orale un simple entraînement au comportement face à un auditoire, il est certain que l'autoperfectionnement n'est guère efficace. Si l'on considère que cette formation est essentiellement une analyse des relations interpersonnelles, il n'est guère possible d'envisager un autoperfectionnement. Si par contre on admet, comme nous l'expliquons à plusieurs reprises, que se former à l'expression c'est aussi développer des aptitudes intellectuelles, alors on peut envisager des exercices d'autoformation. Il ne s'agit pas d'inviter à un entraînement systématique, programmé à tel moment de la journée ou de la semaine, mais bien plus d'inciter à profiter de certains moments de liberté, au moins de liberté d'esprit. Nous n'avons pas cru bon de réécrire les fiches sélectionnées pour cette hypothèse de travail, car les modifications à apporter sont mineures et relèvent du bon sens.

CHAPITRES	N° des exercices
1. OSER S'EXPRIMER	5 - 9 - 10 - 11 - 12
2. ORGANISER SES IDÉES	15 - 18 - 19 - 20 - 21 - 22 - 23 - 24 - 25
3. FAIRE DES SYNTHÈSES	30 - 32 - 35 - 39 - 40 - 41
4. ADAPTER SON EXPRESSION	42 - 43 - 44 - 45 - 46 - 47 - 48 - 49 - 50 - 52 - 46 - 57 - 58
5. EXPLIQUER	64 - 65 - 68 - 69 - 70
6. ARGUMENTER	77 - 79 - 80 - 81 - 82 - 84
7. S'EXPRIMER ET COMMUNIQUER	87 - 90 - 95 - 99

GLOSSAIRE

Argument-réfutation-contre-réfutation

L'argument est un élément du langage persuasif. Il vise à influencer les autres par la parole au point de leur faire partager nos opinions, adopter nos solutions et reposer celles auxquelles nous nous opposons. Il peut être de deux ordres : il convient en effet de distinguer l'argument rationnel de l'argument émotionnel.

L'argument rationnel s'adresse à l'intelligence et s'appuie sur la logique de la pensée. L'argument émotionnel s'adresse à la sensibilité ou à l'irrationnel. C'est ainsi que, lors des débats sur l'interruption de grossesse, on a vu les détracteurs de cette loi joindre aux arguments rationnels des arguments émotionnels, tels que la photo d'un fœtus ou les battements de cœur d'un embryon. L'argument émotionnel est distinct de l'élément émotionnel qui colore la présentation d'un argument rationnel et permet à toute logique intellectuelle d'être persuasive.

La réfutation tend soit à nier l'argument soit à lui faire des objections, au moyen de raisonnements ; elle est logique, construite et constructive.

La contre-réfutation consiste à attaquer la réfutation, à contester, au moyen de raisonnements, la manière dont on a réfuté les arguments ; elle n'est jamais la reprise pure et simple des arguments.

On trouvera des exemples de cette technique dans le livre de Renée et Jean Simonet, *Savoir argumenter* (Éditions d'organisation).

Aspect-point de vue

L'aspect est lié à l'objet.

Le point de vue à l'observateur.

Dégager les aspects d'une chose, c'est mettre en évidence les faces sous lesquelles se présente une réalité (par exemple l'aspect commercial, esthétique, scientifique, médical, psychologique, etc.).

Les points de vue rendent compte de la manière dont les différentes personnes concernées par cette réalité se représentent ou abordent cette réalité (fiche n° 50).

Brainstorming

(Litt. assaut d'idées ; on pourrait dire aussi « tempête sous un crâne »).

C'est une technique de réunion destinée à faire émettre par un groupe dans un minimum de temps le maximum d'idées neuves et originales. Une règle essentielle est imposée : aucun jugement de valeur ne doit être émis. L'esprit de critique disparaît. Grâce à cela, la puissance créatrice du groupe se développe, puisque l'imagination est libre d'associer les idées, les unes aux autres, même les plus saugrenues et les plus absurdes. Cette phase est suivie d'une phase d'analyse des propositions qui débouche sur une décision (par ex. trouver le nom d'un nouveau produit).

Entraînement mental

Méthode qui, partant de la **prise de conscience** des problèmes rencontrés, tend à faire découvrir les démarches essentielles de la pensée, à donner la maîtrise des principales opérations mentales (énumérer, décrire, définir, comparer, distinguer ; rechercher les causes, les conséquences, les buts, les moyens, ou les principes qui vont guider une action ; s'attacher aux aspects ou aux points de vue ; parler en termes de loi-opinion ou de point de vue-opinion).

Fluidité mentale et verbale

C'est l'aptitude à **mobiliser ses idées** (fluidité mentale) et **ses mots** (fluidité verbale).

Le terme de « fluidité » symbolise d'une part la possibilité de trouver facilement ses idées, d'autre part celle de les exprimer sans heurt, sans rupture (en un « flot »).

Chacun a vécu des situations où il s'est reproché de ne pas avoir trouvé les idées à développer au moment opportun. C'est pour cela qu'il est important de développer cette aptitude en situation. Le problème n'est pas seulement d'avoir des idées, mais de les avoir au bon moment et de pouvoir les exprimer.

Induction

En logique, l'induction consiste à tirer, de l'observation de certains faits particuliers, des conclusions générales sur tous les faits de la même espèce. L'extrapolation est une forme d'induction.

En termes de communication, on appelle induction, un type de relation par lequel une intervention exerce une influence sur la réaction, l'action ou la réponse d'autrui. Par exemple, la manière de poser une question (termes, tournure, ton), peut influencer la réponse. La suggestion est un cas particulier d'induction.

Inférences

Interprétation de nos observations ; inférer, c'est raisonner à partir d'un fait pour dégager une interprétation ou une signification personnelle, donc une opinion ou un point de vue. Il importe de ne pas assimiler observations, faits objectifs et inférences, opinions subjectives.

Intention mentale

Idée directrice, orientation générale d'un message.

Mon intention mentale correspond à « ce que je veux faire passer ».

Maïeutique

(En grec : art d'accoucher.)

Tel est le nom donné à la méthode utilisée par Socrate pour faire accoucher son interlocuteur d'une idée juste, au moyen d'une série de questions.

Opinion

« Attitude latente » qui amène à prendre des positions et à émettre des jugements ; elle remonte à des origines diverses : croyances, milieu social, culturel, professionnel, etc.

LA LOI OPINION consiste à énoncer une opinion personnelle sous forme d'un jugement général et sans appel qui s'attache à la réalité envisagée. Par exemple, la personne qui déclare : « Les plantes vertes sont laides », énonce une opinion en lui donnant force de loi, puisqu'elle établit un rapport constant entre la réalité (plante verte) et la notion de laideur. Les préjugés et les stéréotypes sont des lois-opinions (les Italiens sont des « don-juan », les Anglais sont flegmatiques...).

De la loi-opinion se distingue le **point de vue-opinion** qui consiste à émettre une opinion sous une forme personnelle, ex. : « Je n'aime pas les plantes vertes ». La personne s'implique dans le jugement et ainsi le relativise.

Questions

1) Question fermée :

Question qui ne laisse comme possibilité de réponse que l'un des deux éléments d'une alternative.

(Ex. : OUI-NON).

2) Question à choix multiples :

Question qui propose un certain nombre de réponses parmi lesquelles la personne interrogée devra choisir.

(Ex. : Avez-vous connu ce produit par la presse, la radio, la T.V., les affiches, Internet ou autres ?)

3) Question ouverte :

Question qui laisse toute liberté de réponse à la personne interrogée.

(Ex. : Que pensez-vous du confort de telle voiture ?).

Reformulation

Information en retour permettant :

- à l'émetteur de savoir si son message a été reçu et comment il a été reçu et compris,
- au récepteur de vérifier si sa perception du message est conforme à l'intention de l'émetteur.

Stéréotype

Opinion toute faite, jugement *a priori* lié à notre système de référence et à notre appartenance à un groupe.

Synthèse

La synthèse, dans le cadre du plan dialectique (thèse, antithèse, synthèse) n'est pas « peut-être bien que oui, peut-être bien que non » mais une *nouvelle* thèse originale qui tire sa substance de la mise en confrontation de la thèse et de l'antithèse.

BIBLIOGRAPHIE

ALMEIRAS Jacques, FURIA Daniel, *Méthode de réflexion et techniques d'expression*, Armand Colin, Coll. U, 1991.

ARAMBOUROU C., TEXIER F., VANOYE F., *Guide du résumé de texte*, Hachette Éducation, 1991.

BELLANGER Lionel, *L'Expression orale*, ESF Ed., 1996.

CHOSSON Jean-François, *L'Entraînement mental*, Le Seuil, 1975.

FUSTIER, *Exercices pratiques de communication à l'usage du formateur*, Éditions d'Organisation, 2000.

JEOFFROY-FAGGIANELLI P., PLAZOLLES L. R., *Méthodologie de l'expression*, PUF, coll. Que Sais-je ?, 1981.

MUCCHIELLI Roger, *Communication et réseaux de communication*, ESF Ed., 1999.

MUCCHIELLI Roger, *L'Entretien de face à face dans la relation d'aide*, ESF Ed., 1998.

REBOUL O., *Introduction à la rhétorique*, PUF, 1998.

SIMONET Renée, *Comment réussir un exposé oral*, Dunod, 2000.

SIMONET Renée, *Les Techniques d'expression et de communication : évolution, fondements, pratiques*, L'Harmattan, coll. Savoir et Formation, 1994.

SIMONET Renée et Jean, *La prise de notes intelligente*, Éditions d'Organisation, 1998.

SIMONET Renée et Jean, *Savoir argumenter*, Éditions d'Organisation, 1998.

TIMBAL-DUCLEAUX Louis, *Savoir écrire dans l'entreprise*, LGF, coll. Le Livre de Poche, 1994.

TIMBAL-DUCLEAUX Louis, *L'expression écrite : écrire pour communiquer*, ESF Ed., 1991.